教学高手

AI时代怎么教

崔佳 谢麟 著

人民邮电出版社

北京

图书在版编目（CIP）数据

教学高手：AI时代怎么教 / 崔佳，谢麟著.
北京 ：人民邮电出版社，2025. -- ISBN 978-7-115
-66255-2

Ⅰ．G40-03

中国国家版本馆CIP数据核字第2024P4Y551号

内 容 提 要

在AI技术快速发展的今天，借助AI提高教学效率、提升教学水平、为学生提供更加个性化的教育，成为越来越多教师的需求。本书正是基于这样的背景编写，内容聚焦于教师日常工作中的高频场景，详细介绍了AI在教学工作中的应用。

全书共5章，分别介绍了AI在备课、教学活动设计、学习评估、教师自身成长以及学生工作中的应用。

本书案例丰富，适合广大教师特别是从事基础教育的教师阅读参考。

◆ 著　　　　崔 佳 谢 麟
　 责任编辑　马雪伶
　 责任印制　胡　南

◆ 人民邮电出版社出版发行　北京市丰台区成寿寺路11号
邮编　100164　电子邮件　315@ptpress.com.cn
网址　https://www.ptpress.com.cn
北京联兴盛业印刷股份有限公司印刷

◆ 开本：720×960　1/16
印张：14.75　　　　　　　2025年2月第1版
字数：217千字　　　　　　2025年7月北京第9次印刷

定价：59.80元

读者服务热线：(010)81055410　印装质量热线：(010)81055316
反盗版热线：(010)81055315

序

没有答案，唯有提问

2022 年，AI 大语言模型 ChatGPT 问世。2024 年，视频生成模型 Sora 上线。AI 正在以惊人的发展速度给我们带来无限的想象空间。

此次汹涌而来的 AI 浪潮大有席卷之势，几乎波及所有领域，就连教育领域也在此次浪潮中产生了前所未有的变化。其实，在过去很长的时间里，互联网、大数据、云计算、物联网、区块链等技术已经给我们的工作和生活带来了一次又一次的冲击，但在教育领域并未掀起多大动静。

早在 2011 年，乔布斯就发出疑问：为什么信息技术几乎改变了所有领域，唯独对教育领域影响甚微？如今 AI 浪潮呼啸而来，"乔布斯之问"已不再是问题。教学模式革新、课程重构、学习方式改变……教育领域此次的变化远超以往任何一次信息技术变革所带来的。

涟漪已起，波澜将至。

技术的本质在于提高生产力和效率，满足人类的需求。科技越发展，个性化的需求就越容易得到满足。"AI＋教育"的价值之一就在于，让每一个学生的需求都能得到满足，让"人人都被看见"成为可能。教育越是个体的，越是有所差异的，就越是公平的。在 AI 技术的驱动下，基于个体差异的更加公平的个性化教育模式即将开启。

然而，我们清醒地知道，技术的发展往往伴随着一定的风险和危机，AI

也不例外。随着 AI 的加入，教师在得到一定程度解放的同时，也面临种种压力与危机。如何在矛盾中改变与平衡，是我们需要面对的重要课题。

技术"隐身"，教育归真。教育终究是有温度的。

不管技术如何日新月异，教师始终是教学创新的核心引擎，决定着教书育人的温度和方向。

有爱、有 AI，有未来！

我向大家郑重推荐这本书。这本书的两位作者对一切变化都抱持好奇，充满热情，而且勇于实践与创新，好学、好问、好动。

面对 AI 技术的冲击，两位作者直面教育应用的难点，认真探讨了 AI 在教师备课、学习评估、教师自我提升、学生工作等诸多方面的种种可能。这本书源于实践，案例丰富，语言生动，通俗易懂。通过这本书，我们可以领略 AI 技术的神奇，可以体验深度学习的乐趣，更能感受人性的温暖、可爱及人的无限潜力。

由此，我们能看见更多可能。

在 AI 时代如何成为教学高手，不只是技术课题，更蕴含哲学式的思辨。AI 时代，我们如何为人师，如何教与学？

没有答案，唯有提问。

张振笋

教育部学校规划建设发展中心课程建设协同创新中心秘书长

产教融合课程建设项目主持人

前言

我和谢麟的相识是偶然的。我们一直潜伏在对方的朋友圈中，暗自观察对方的成长与变化，直到多年后的一天，我们因一个契机而打破沉默，便开始有了关于教育的交流。

大概在2023年12月，AI成为我们的话题，我们都认为对教师而言，AI是一个了不起的赋能工具，但前提是教师能够驾驭AI，而不是被AI所驾驭。我们深知教师驾驭AI需要对教育教学理论有深刻的理解和洞察，而我们共同的体验是常迷失在AI技术所带来的便捷里，被AI的"一键生成"能力吸引，喜欢一键生成PPT、教学设计方案、测试题……

我们开始相互分享有效使用AI的经验，有时是在微信里留言，有时是打一个挂不断的电话，有时甚至是开只有两个人的腾讯会议。直到有一天，我们说"何不把我们的经验写成书"。

坦白说，当我们有了写书的愿景后，我们便更加谨慎地使用AI，并且会更系统、更有结构地整理我们使用AI的经验。我们承认，借由写这本书的契机，我们都变成了更善于使用AI为自己赋能的人。

写这本书的时候，我们面向的是常见教学场景。希望这本书能像微风一样，推开那扇通往困难解决之路的门。这不是一本使用宝典，而是一支火把：点燃你心中探索基于专业、借助AI纾解教育教学困境方案的热情。

本书介绍了哪些内容？

高质量的备课是高效教学的基础，而教师们常常面临教材分析的方向存在偏差、教学目标设定不合理、教学资源适配性不佳、教案撰写一致性不强等问题。本书第 1 章引入了相关的教材分析框架、教学目标撰写方法、教案样例和教学模式等，让 AI 基于这些科学的、系统的、结构化的教学理论基础，协助教师提高备课质量。

教学活动是学生学习的载体，学生参与其中、迅速成长。而教师们常常面临学生被动听讲与主动认知思考要求的矛盾、学生学情差异较大与教师指导精力有限之间的矛盾、学生使用 AI 学习与滥用 AI 存在风险的矛盾……本书第 2 章提供了化解这些矛盾的策略。

学习评估是连接教学目标、教学内容和教学活动的桥梁，而教师们常常苦恼于如何判断测试题的质量、如何让"以评促学"真正得以实现。本书第 3 章介绍如何使用 AI 生成符合教师给定的知识范围、难度等级的测试题，让教师可以通过精准评估的方式了解学情，进而有效促进学生学习。

成长是为人师者的必然选择，不断成长的教师更能照亮学生的成长之路。本书第 4 章介绍借助 AI 观课议课、设计 PPT 等内容，以提升教师的教学能力；让 AI 辅助进行文本阅读、中英文翻译，以提升教师的专业阅读能力；让 AI 辅助开展圆桌论坛，以便教师与不同的"教育大咖"或者不同角色的"教育相关者"进行对话，进而得到全面成长。

学生工作也是教育中必不可少的一环，本书第 5 章介绍如何让 AI 成为教师的全能助理，协助教师高效指导学生树立目标、制订计划、撰写申报材料等内容。

如何联系我们？

为了便于教师们阅读和实践，我们提供了相关的资源，你只需要扫描正文中提供的二维码并关注公众号，发送对应的关键词即可获取。

在阅读和实践中，你有任何的不解之处或者想分享你的经验，可以在公众号中给我们留言。我们期待经由你和我们的持续交流，能创造更多更有效的 AI 赋能策略。

成为更好的驾驭者！

当 AI 席卷而来的时候，很多人在讨论 AI 是否能取代教师。我们认为：
能被取代的只是盲目享受 AI 带来的便利的教师，
而非那些真正驾驭 AI 为自己服务的教师。
希望我们都能成为更好的驾驭者！
更好地驾驭未必意味着我们可以用更少的时间投入教育教学和自身成长，而是意味着能让它们更高效。

最后，我想说谢谢。

谢谢我们两个信任彼此、选择彼此。

谢谢一路走来与我们进行过思想碰撞的每一位教师。

谢谢你打开这本书，这是我们的幸运。

崔　佳

目 录

★ 第 1 章 高效备课

1.1 教材分析：借助通用分析框架提取关键信息 ··· 2
 1. 分析历史学科的教材 ·· 3
 2. 分析语文学科的教材 ·· 5

1.2 教材分析：用学科分析框架精准理解教学内容 ··· 7
 1. 英语语篇分析 ··· 7
 2. 数学教材分析 ··· 9
 3. 物理教材分析 ··· 10

1.3 教材对比：优化教学内容与教学进程 ············· 12
 1. 综合对比法 ··· 13
 2. 分解对比法 ··· 13

1.4 研读课标：确保课程的针对性与适用性 ········· 16
 1. 借助 AI 查阅课程标准 ······································ 16
 2. AI 辅助对比不同学段的课标要求 ··················· 17

1.5 课程计划：用 DACUM 法便捷生成 ……… 19
  1. 教学技能技法课程的课程计划 ……… 20
  2. "一元二次方程"单元的课程计划 ……… 23

1.6 资源创编：让备课更加轻松与有效 ……… 24
  1. 巧用 AI 讲解概念 ……… 25
  2. 生成有趣的学习活动 ……… 27
  3. 量身定制课程案例 ……… 28
  4. 让 AI 编顺口溜 ……… 30
  5. 梳理知识关系与结构 ……… 31
  6. 多角度解析知识点 ……… 32

1.7 目标撰写：让教学有的放矢 ……… 33

1.8 教案生成：借助 AI 提升编写效率 ……… 39
  1. 让 AI 学习教案样例或教学模式 ……… 39
  2. 基于优质教案样例生成教案 ……… 41
  3. 基于合作学习方法生成教案 ……… 46
  4. 基于"对分课堂"生成教案 ……… 47

1.9 细化教案：完善内容与教学模拟 ……… 49
  1. 明晰教案细节 ……… 49
  2. 提供辅助材料 ……… 49
  3. 教学模拟与反馈 ……… 50

第 2 章 AI 让教学活动更丰富

2.1 苏格拉底对话法：培养学生解决问题的能力 ····· 52
　　初中生的心理困扰，让 AI 来解答 ················· 53

2.2 辩论比赛：提升学生的表达能力和批判性思维能力 ··· 56
　　1. 让 AI 提供辩题 ·· 56
　　2. 学生与 AI 辩论 ·· 57
　　3. 让 AI 做结辩陈词 ·· 60
　　4. AI 辅助复盘辩论过程 ······································ 62

2.3 学生总是学不会？用教学清单因材施教 ········ 66
　　1. AI 生成语文清单 ··· 68
　　2. AI 生成英语清单 ··· 69

2.4 担心学生依赖 AI？9 招调整学生使用 AI 的节奏 ··· 71
　　1. 重构教学流程 ·· 71
　　2. 改良课堂辩论赛 ·· 73
　　3. 优化配对讨论流程 ·· 75
　　4. 把"AI 搜索"转换为"AI 评估" ················· 77
　　5. AI 绘画助力学生精准表达 ······························ 78
　　6. AI 配合学生设计学习情境 ······························ 79
　　7. 让学生帮助犯错的 AI ····································· 80
　　8. 通过 AI 反馈促进学习改进 ···························· 81
　　9. 将 AI 使用过程纳入作业范围 ························ 82

第 3 章
学习评估

3.1 单选题：两步生成高质量选项 …………… 86
　　1. 让 AI 学习，生成单选题 ………………… 86
　　2. 让 AI 反思，对题目进行修正 …………… 91

3.2 多选题：评估学生的融会贯通能力 ……… 93
　　1. 大学课程"学习科学与技术" …………… 95
　　2. 小学语文中的"比喻" …………………… 97

3.3 填空题：完形填空题及多目标填空题的设计
　　技巧 ……………………………………… 100
　　1. 完形填空题 ……………………………… 101
　　2. 多目标填空题 …………………………… 103

3.4 判断题：借助 AI 理解题型设计原则并科学
　　出题 ……………………………………… 106

3.5 案例分析题：综合应用，解决实际问题 … 110
　　1. 案例分析题本体的设计 ………………… 111
　　2. 量规的编制 ……………………………… 114
　　3. 样例的编制 ……………………………… 115

3.6 作业改编：提升作业的层次性和针对性 … 118
　　1. 基于 SOLO 分类理论改编作业题 ……… 119
　　2. 让 AI 扮演学生预估做题难点 …………… 121
　　3. 让 AI 生成难点指导策略 ………………… 123

3.7 编制量规：让评估有据可依 ……………… 125
　　1. 让 AI 编制量规 …………………………… 126
　　2. 让 AI 提升量规质量 ……………………… 128

第 4 章 AI 助力教师成长

4.1 中英互译：远离机翻味道 …………………… 134
4.2 圆桌论坛：拓宽教育教学思路 ………………… 138
    1. 让 AI 扮演六位专家，与教师讨论 ………… 139
    2. 教师受到启发，追问 AI …………………… 143
    3. 让 AI 讨论，能否用"动态评估法"
       来给学生平时成绩 ………………………… 145
4.3 长文阅读：快速筛选，深度阅读 ……………… 148
    1. 快速筛选出符合自己需求的长文 ………… 148
    2. AI 辅助深度阅读长文 ……………………… 150
4.4 观课议课：汲取他人智慧，加速个人成长 …… 153
4.5 PPT 课件：不用学设计也能轻松制作 ………… 157
    1. 用 AI 整理 PPT 大纲 ………………………… 157
    2. 根据大纲快速生成 PPT ……………………… 161
    3. 为 PPT 生成配套的逐字稿 ………………… 163
    4. 根据讲稿内容生成 PPT ……………………… 164

第 5 章 学生工作高手

5.1 教练式沟通：借助 AI 激发学生的内驱力 …… 168
    1. 用焦点解决技术辅导学生，省力又高效 … 168
    2. 让 AI 成为焦点解决辅导专家，解答学生
       的困惑 ……………………………………… 170
    3. 三种不同的应用方式 ……………………… 173
    4. 智能体：将提示词设置为"AI 小应用" … 174
5.2 优化材料：用 AI 指导学生修改申请材料 …… 178
    1. 用 STAR 模型修改个人陈述材料 ………… 178

2. 让 AI 为英文申请材料提供修改建议 ………… 183

5.3　目标制定：借助 AI 指导学生制定目标 ………… **186**

　　　1. 指导学生制定目标的 5 个核心步骤 ………… 186

　　　2. 让 AI 成为学生的目标制定指导师 ………… 187

　　　3. 目标坚持不下去怎么办 ………………………… 191

5.4　写作：AI 辅助写作 …………………………… **195**

　　　1. 用 AI 厘清写作思路 …………………………… 195

　　　2. 用 AI 优化文章结构 …………………………… 197

　　　3. 用 AI 丰富文章内涵 …………………………… 198

　　　4. 让 AI 提供润色建议 …………………………… 200

　　　5. 让 AI 检视文章漏洞 …………………………… 204

　　　6. 用 AI 为文章取标题 …………………………… 205

5.5　撰写材料：用 AI 写通知及工作总结 ………… **206**

　　　1. 用 AI 写通知 …………………………………… 206

　　　2. 与 AI 语音对谈，快速输出工作总结 ………… 207

5.6　演讲发言：用 AI 高效写出满意的演讲稿 …… **209**

　　　1. 与 AI 对话，写出演讲稿 ……………………… 210

　　　2. 用 AI 优化演讲稿 ……………………………… 212

　　　3. 用 AI 丰富演讲素材 …………………………… 214

5.7　活动策划：借助 AI 策划班会活动 …………… **215**

　　　1. 用 AI 激发创意 ………………………………… 215

　　　2. 用 AI 搜索资料 ………………………………… 218

　　　3. 用 AI 编制调查问卷 …………………………… 218

　　　4. 用 AI 设计导入活动 …………………………… 220

第1章

高效备课

1.1 教材分析：借助通用分析框架提取关键信息

教材分析无疑是教师备课时最为关键的环节之一。它不仅关乎教学目标的设定，而且直接影响教学内容的把握以及教学方案的优化。教师可以通过深入分析教材，避免教学的盲目性和随意性，确保每一堂课都有的放矢、效果显著。

同时，教材分析还是教师成长的重要推手。它促使教师不断挖掘教材的深层含义，反思教学过程中的得失，积累丰富的教学经验。通过这样的过程，教师的专业素养和教学能力得以不断提升，教学风格也日趋成熟和独特。因此，教师应悉心研读教材，洞察其内在的逻辑结构和知识脉络，清晰地理解教材编者的意图。

AI 技术的应用为教材分析带来了深刻变革。AI 能够快速、准确地提取教材中的关键信息，不仅能提高教材分析的效率和准确性，还能帮助教师深入挖掘教材的深层含义和内在逻辑，从多个角度理解教学内容。

在借助 AI 分析教材时，教师要明确教材分析的框架，也就是需要给 AI 指定分析的维度，这样可以避免 AI 偏离教材分析的目的。

教材分析框架主要分为两种，一种是通用分析框架，另一种是学科分析框架。前者是不同类型课程均可使用的分析框架；后者则带有较强的学科属性，不同学科的分析框架不同。

通用分析框架主要包括以下 4 部分内容。

- **教材主题**：描述教材的中心主题或教学目标。
- **关键概念或原理**：列出教材中的关键概念、原理或知识点。
- **内容结构**：描述教材内容的组织方式，如章节划分、主题顺序、内容组织顺序等。
- **学生学习需具备的先验知识**：列出学生在学习本教材前需要了解的

背景知识或具备的技能。

下面介绍两个不同学科的案例。

1. 分析历史学科的教材

下面让 AI 根据部编版七年级历史上册第 4 课的内容进行教材分析。

> **提示词**
>
> 【角色】你是一位资深的初中历史教师。
>
> 【任务】你要写一份教材分析,分析的材料来源于我所提供的部编版初中七年级历史教材页。
>
> 【分析框架】你需要从教材主题、关键概念或原理、内容结构、学生学习需具备的先验知识 4 个维度进行分析。
>
> 【输出形式】请以表格的形式呈现。
>
> (给 AI 发送待分析的材料[1])

AI 执行结果

维度	分析内容
教材主题	主要介绍我国历史上王朝的产生、发展及灭亡,具体涉及夏、商、周三个朝代
关键概念或原理	1. 国家产生:从部落联盟到中央集权国家的转变。 2. 家天下:王位世袭制取代禅让制。 3. 分封制:周朝通过分封制巩固统治。 4. 阶级分化:随着社会生产发展,阶级分化日益明显。 5. 社会矛盾:各朝代晚期因社会矛盾激化导致灭亡

---

[1] 后续的叙述中省略给 AI 发送资料的描述。

续表

维度	分析内容
内容结构	1. 夏朝：夏朝的建立、禹的统治、世袭制的确立、夏朝的文明与夏朝的灭亡。 2. 商朝：商朝的兴起、汤的统治、商朝迁都、商朝的文明与商朝的灭亡。 3. 周朝：西周的建立、分封制的实行、周朝的社会结构、西周的灭亡
学生学习需具备的先验知识	1. 中国古代史的基本脉络：了解中国历史发展的大致顺序。 2. 基本的历史概念：如国家、朝代、社会制度等。 3. 影响历史事件的因素：能够理解政治、经济、文化、环境等多方面的因素可能会对历史事件产生影响。 4. 历史学习方法：如通过考古发现来验证历史记载，理解不同来源的历史材料的价值

AI 参照通用分析框架分析了教师所提供的教材页，纵观分析结果，条理清晰、内容全面。如果教师想深入了解任何一个维度，可以继续与 AI 对话，让 AI 提供更细致的分析。比如可以这样问 AI。

> **提示词**
>
> 请继续深入解读先验知识，针对每一种先验知识说明学生应达到的能力水平，以表格形式呈现。

AI 执行结果

先验知识种类	学生应达到的能力水平
中国古代史的基本脉络	能够识别中国历史上几个主要的朝代，知道它们的名称，了解它们出现的时间顺序
基本的历史概念	知道"朝代"是指一个政权统治的时期，"国家"是一个政治实体，"社会制度"是指一个社会的组织形式
影响历史事件的因素	能够理解历史事件可能受到一些因素的影响，如战争或领导者的决策。不需要深入分析
历史学习方法	能够阅读简单的历史叙述，识别历史故事中的基本人物和事件，能够借助时间线来理解历史事件

如果教师认为 AI 所分析的先验知识难度过低或过高，可以要求 AI 提升或降低先验知识的难度水平。此处不再进行详细介绍。

2. 分析语文学科的教材

下面让 AI 根据人教版小学五年级语文下册的教材进行教材分析。

提示词

【角色】你是一位资深的小学语文教师。
【任务】你要写一份教材分析，分析的材料来源于我所提供的人教版小学五年级语文教材页。
【分析框架】你需要从教材主题、关键概念、内容结构、先验知识 4 个维度进行分析。
【输出形式】请以表格的形式呈现。

AI 执行结果

维度	分析内容
教材主题	《草船借箭》以中国古代历史为背景，讲述了诸葛亮智取曹操十万支箭的故事，体现了诸葛亮的智慧和勇气
关键概念	1. 智慧：诸葛亮利用天气和敌人的心理，巧妙地完成了任务。 2. 勇气：面对周瑜的挑战，诸葛亮敢于接受并立下军令状。 3. 策略：诸葛亮的计划体现了他的策略思维和对局势的精准把握
内容结构	1. 故事背景：周瑜对诸葛亮的忌惮和请求。 2. 任务接受：诸葛亮承诺三天内造箭。 3. 计划制订：诸葛亮向鲁肃借船并制订计划。 4. 计划执行：诸葛亮利用大雾和心理战术借箭。 5. 结果呈现：诸葛亮成功借到箭，周瑜的惊讶和赞叹
先验知识	……

AI 的解析看起来比较细致，但是教师发现解析过于聚焦对《草船借箭》这个故事的解析，而未根据课后反思题思索《草船借箭》一文的人物描写手法，于是可以追问 AI。

> **提示词**
>
> 请你仔细查看教材页中的习题，我想"关键概念"的内容是与人物描写相关的，请修正你的分析。

AI 执行结果

维度	分析内容
教材主题	《草船借箭》通过诸葛亮的智谋和勇气，展现了人物特点和历史背景下的策略运用
关键概念	1. 人物智慧：诸葛亮的机智和策略思维。 2. 人物勇气：诸葛亮面对挑战的决断力。 3. 人物心理：周瑜的忌妒和诸葛亮的自信
内容结构	1. 故事背景：周瑜忌惮诸葛亮，要求他在短期内造箭以考验其能力。 2. 任务接受：诸葛亮接受周瑜的挑战，承诺在三天内完成造箭任务。 3. 计划制订：诸葛亮借船，并制订利用草把子和天气的借箭计划。 4. 计划执行：诸葛亮在大雾中指挥船队靠近曹军水寨，利用心理战术使曹军射箭，成功借得箭支。 5. 结果呈现：诸葛亮的船队满载而归，周瑜对诸葛亮的智谋表示惊讶和赞叹
先验知识	1. 基本的历史知识：了解三国时期的历史背景。 2. 基本的文学知识：能够理解故事的情节发展和人物特点。 ……

1.2 教材分析：用学科分析框架精准理解教学内容

学科分析框架根据学科不同而有所差异。从事基础教育的教师可参考课标设定学科分析框架，从事职业教育或高等教育的教师可参考教学大纲、岗位需求等设定学科分析框架。本节介绍三个学科分析框架及其案例。

1. 英语语篇分析

英语语篇分析框架如下。
- **what**：语篇的主题和内容的挖掘。
- **why**：探究语篇所传递的深层含义，比如作者或说话人的意图、情感态度或价值取向。
- **how**：剖析语篇的文本特征、内容结构和语言特点。

下面让 AI 根据人教版八年级英语上册课本第 21 页的内容进行教材分析。

> **提示词**
>
> 【角色】你是一位资深的初中英语教师。
> 【任务】你要写一份语篇分析，文章来自我所提供的人教版八年级英语教材。
> 【分析框架】我希望你从 what、why、how 三个维度分析语篇。what 着眼于语篇的主题和内容的挖掘；why 在于探究语篇的深层含义，比如作者或说话人的意图、情感态度或价值取向；how 旨在剖析语篇的文本特征、内容结构和语言特点。
> 【输出形式】请以表格的形式呈现。

AI 执行结果

维度	分析内容
what	1. 主题：友谊的多样性和互补性。 2. 内容：文章通过三个不同人物的视角，描述了他们与各自最好的朋友之间的差异和相似之处，以及这些差异如何影响他们的友谊
why	1. 深层含义：强调真正的朋友不需要在所有方面都相同，朋友之间应取长补短，通过相互学习来促进个人成长。 2. 意图：通过展示不同性格和行为特点的朋友之间的故事，鼓励读者认识到差异性在友谊中的价值 ……
how	1. 文本特征：采用第一人称叙述。 2. 内容结构：分为三个部分，每部分都由一个人物介绍自己的好友，并描述他们之间的友谊。 3. 语言特点：使用简单、直接的英语表达，适合八年级学生的阅读水平；使用比较级和最高级形式来强调人物之间的差异；使用第一人称和直接引语来增加亲切感和真实性

如果教师希望对 how 部分的解析更细致一些，可以继续与 AI 对话。

提示词

请加强对 how 部分的解析。

AI 执行结果

how（文本特征、内容结构和语言特点）	1. 文本特征：采用第一人称叙述，增加了亲切感和真实性。
	2. 内容结构：文本分为三个段落，每个段落由不同的叙述者讲述，形成对比和补充。每个叙述者都主要按照自己的特点、朋友的特点、两人的互动与差异、友谊价值、情感态度的方式进行介绍
	3. 语言特点 a. 词汇使用：使用日常词汇和简单句型，适合八年级学生的英语水平。 b. 句式结构：运用并列句和复合句，通过比较级和最高级形式（如 taller、more outgoing、better）来强调人物之间的差异。 c. 修辞手法：使用比喻（friends are like books），类比（A true friend reaches for your hand and touches your heart）等修辞手法来增强语言的表现力。 d. 情感表达：通过直接引语（I know she cares about me because she's always there to listen.）来传达叙述者的情感和对友谊的深刻理解。 e. 段落衔接：……

2. 数学教材分析

数学教材分析框架如下。

- **数学概念**：数学概念是数学学科中的基础元素，它们是对现实世界中的数量关系、空间形式和变化规律等的抽象和概括。数学概念通常以定义的形式出现，它们是理解和解决数学问题的基础。例如，数字、变量、函数、几何形状、代数表达式等都是数学概念。

- **数学方法**：数学方法是解决数学问题时所采用的逻辑推理、计算技巧和思维策略。它们包括但不限于代数方法、几何证明、统计分析、逻辑推理等。数学方法帮助我们组织思考过程，系统地解决问题，并验证结果的正确性。

- **数学语言**：数学语言是一种精确、简洁的语言，用于描述数学概念、表达数学思想和交流数学知识。它包括数学符号、术语和表达式。

- **与数学核心素养的关系**：主要说明教材所呈现的内容与 2022 版新课标数学核心素养发展之间的关联。

下面让 AI 根据冀教版小学三年级数学下册第 1~2 页的内容进行教材分析。

> 提示词
>
> 【角色】你是一位资深的小学数学教师。
> 【任务】你要写一份教材分析，内容来自我所提供的小学三年级数学教材。
> 【分析框架】我希望你从数学概念、数学方法、数学语言、与核心素养的关系 4 个维度分析教材。数学概念是对现实世界中的数量关系、空间形式和变化规律等的抽象和概括，是理解和解决数学问题的基础；数学方法是解决数学问题时所采用的逻辑推理、计算技巧和思维策略；数学语言是用于描述数学概念、表达数学思想和交流数学知识的数学符号、术语和表达式；与数学核

心素养的关系是指要说明教材所呈现的内容与 2022 版新课标数学核心素养发展之间的关联。

【输出形式】请以表格的形式呈现。

AI 执行结果

分析维度	描述
数学概念	1. 时间的度量：教材介绍了小时作为时间的基本单位，并通过钟表的图示帮助学生理解一天 24 小时的概念。 2. 24 小时制：解释了 24 小时制的构成，包括上午和下午的时钟表示方法。 3. 周期性理解：通过地球自转的例子，介绍了时间的周期性，即一天的结束是另一天的开始
数学方法	1. 时间转换：教授学生如何将 12 小时制转换为 24 小时制。 2. 逻辑推理：通过电视节目预告和商场营业时间的例子，引导学生运用逻辑推理来确定时间的先后顺序。 3. 实际应用：通过具体的生活场景，如商场营业时间和火车时刻表，让学生实践时间转换和计算
数学语言	1. 时间表述：教材中使用了规范的时间表述方式，如"05:30""15:30"等，帮助学生学习如何准确表述时间。 2. 术语解释：对"24 小时制""自转""周期性"等术语进行了解释，加深了学生对时间概念的理解 ……
与核心素养的关系	1. 数学运算：通过时间的转换和计算，培养学生的数学运算能力。 2. 逻辑推理：教材中的时间转换和比较练习，有助于发展学生的逻辑推理能力 ……

3. 物理教材分析

物理教材分析框架如下。

- **物理原理与概念**：探讨教材所涵盖的基本物理概念和原理，帮助学生建立物理知识基础。

- **物理实验**：即教材中的实验设计，通过实验探究物理现象、验证物理原理，以及培养学生的实验技能，使学生能够通过实践加深对物理现象的理解。
- **物理应用**：物理学在日常生活中以及在技术、工程、环境科学等领域的应用，以增强学生的学习兴趣和认识物理学的实际价值。
- **物理可视化**：指的是使用图表、图像、动画等方式来表示物理概念和数据，以帮助学生更直观地理解抽象的物理概念，如力的矢量表示、波的传播等。

下面让 AI 根据人教版八年级物理下册第 2~5 页的内容进行教材分析。

提示词

【角色】你是一位资深的初中物理教师。

【任务】你要写一份教材分析，教材内容来自我所提供的人教版八年级物理教材。

【分析框架】我希望你从物理概念与原理、物理实验、物理应用、物理可视化 4 个维度分析教材。物理概念与原理是指教材中所涵盖的基本物理概念和原理；物理应用是指物理学在日常生活和工作中的应用；物理实验是指教材中的实验设计；物理可视化是指使用图表、图像、动画等方式来表示物理概念和数据。

【输出形式】请以表格的形式呈现。

AI 执行结果

分析维度	描述
物理概念与原理	1. 教材介绍了力的基本概念，包括力是物体间的相互作用，以及力的符号、单位（牛顿）。 ……

续表

分析维度	描述
物理实验	1. 设计了实验活动，如捏橡皮泥、拉/压弹簧、使用磁体和小铁球演示力的作用效果。 ……
物理应用	1. 教材将物理概念与日常生活紧密结合，如推车、拉弹簧、体育项目"押加"等，展示了力的实际应用。 ……
物理可视化	1. 使用图表和图示来表示力的大小、方向和作用点，如力的示意图。 ……

小贴士
1. 以上所提供的教材分析框架仅供参考，教师可自行设置教材分析框架。
2. AI 只是辅助的工具，教师一定要根据自己的教学经验甄别 AI 解析的质量。

1.3 教材对比：优化教学内容与教学进程

在基础教育阶段，同一门课程往往会有不同版本的教材；在高等教育阶段，同一门课程常常存在由不同作者编写的教材。如果教师希望通过对比教材来优化自己的教学进程与教学内容，可以使用 AI 对比分析教材，发现不同版本的教材在知识体系的覆盖范围、教学重点的偏重、教学资源的丰富性、习题设计的创新性等多个维度的异同，也可以发现不同作者所撰写的教材在核心思想、教学侧重点、教材深度和广度等方面的异同，继而做出更明智的教学决策。

在对比教材时，有两种对比方法：综合对比法和分解对比法。

综合对比法是指把全部教材的对比任务一次性发给 AI，让 AI 进行分析。综合对比法适用于短篇教材的分析。

1. 综合对比法

> **提示词**
>
> 【角色】你是一位很厉害的小学数学教师，曾参与数学教材的编写。
>
> 【任务】你将要参加全国说课比赛。你需要对比分析人教版、苏教版、北师大版教材中有关"毫米、分米、千米和吨"的教材内容。
>
> 【分析框架】你将分别从内容编排顺序、数学概念、数学方法、数学可视化、习题设计、与数学学科核心素养的关系等方面解析这三个版本的异同。
>
> 【工作流程】
>
> 1. 学习我上传给你的人教版、苏教版、北师大版数学教材，并从中找到有关"毫米、分米、千米和吨"的内容。
> 2. 按照【分析框架】分析三个版本的异同，用表格的形式呈现分析结果，其中内容编排顺序中你需要分别注明"毫米、分米、千米和吨"在哪一册的哪几页。

AI 执行结果

（略）[2]

2. 分解对比法

分解对比法是指先让 AI 分别学习、分析每个版本的教材，之后再将分析的结果进行对比。分解对比法适用于长篇，甚至整本教材的分析。

第一步，让 AI 分别对不同版本的教材进行分析。

---

[2] 本书余下内容中，省略 AI 执行结果的部分不再给出提示。

> 提示词

【角色】你是一位很厉害的小学数学教师，曾参与数学教材的编写。

【任务】你将要参加全国说课比赛。你需要分析人教版教材中有关"毫米、分米、千米和吨"的教材内容。

【分析框架】你将分别从内容编排顺序、数学概念、数学方法、数学可视化、习题设计、与数学学科核心素养的关系等方面解析。

【工作流程】

1. 学习我上传给你的人教版数学教材，并从中找到有关"毫米、分米、千米和吨"的内容。
2. 按照【分析框架】进行分析，用表格的形式呈现分析结果，其中内容编排顺序中你需要分别注明"毫米、分米、千米和吨"在哪一册的哪几页。

依次类推，分别让 AI 解析苏教版、北师大版的教材。这时，就会得到人教版、苏教版、北师大版三份教材分析结果。为了便于 AI 做对比分析，建议将这三份教材分析结果整理到一个文档（假设文件命名为"对比数据"）中，再要求 AI 进行解析。

第二步，让 AI 对不同版本的教材进行分析。

> 提示词

【角色】你是一位很厉害的小学数学教师，曾参与数学教材的编写。

【任务】你将要参加全国说课比赛。你需要对比分析人教版、苏教版、北师大版教材中有关"毫米、分米、千米和吨"的教材内容。

【分析框架】你将分别从内容编排顺序、数学概念、数学方法、数学可视化、习题设计、与数学学科核心素养的关系等方面解析。

【工作流程】

1. 学习我上传给你的"对比数据"文件。
2. 按照【分析框架】分析三个版本的异同，用表格的形式呈现分析结果。

AI 执行结果

分析维度	人教版	苏教版	北师大版
内容编排顺序	毫米→分米→千米→吨	分米、毫米→千米、吨	毫米、分米、千米→吨
数学概念	通过日常物品长度引入数学概念，强调单位换算和实际应用	通过实际测量活动引入数学概念，注重实际操作和体验	结合实际情境和实践活动，引导学生了解并掌握数学概念
数学方法	教授使用直尺和毫米尺进行测量的基本技巧，强调单位换算的重要性	强调实践操作中的测量技巧，如对齐、读取和记录，以及单位换算的应用	鼓励学生通过观察、比较和讨论来探索测量单位，教授学生测量和估算的方法
数学可视化	……	……	……
习题设计	……	……	……
与数学学科核心素养的关系	……	……	……

通过对比分析三个版本的教材，我们可以发现以下特点。

1. 内容编排：人教版教材采用传统的教学顺序，从基础单位开始，逐步深入；苏教版教材以测量文具盒为起点，强调单位间的换算和测量技巧；北师大版教材从毫米、分米、千米的顺序开始，逐渐过渡到吨的概念。

2. 数学概念：……

3. 数学方法：……

4. 数学可视化：……

5. 习题设计：……

6. 与数学学科核心素养的关系：……

相信大家已经感受到 AI 强大的文本解析能力了。AI 不仅能快速识别文本信息，还能够捕捉到文本中的核心要点，将复杂的信息结构化，使得教师能够更加直观地理解教材。

1. 当上传完整的教材供 AI 解析时,为降低 AI 出错的概率,可强行要求 AI 提供原文页码作为佐证。

2. 当发现 AI 解析完整的教材出错时,可要求 AI 进行反思,比如输入指令"请反思你生成的内容与我的要求相比,都在哪些方面有错误?请解析。"然后再要求 AI 根据自己的反思进行修正。

1.4 研读课标:确保课程的针对性与适用性

课标,即课程标准,它如同航海中的罗盘,为教师指明教学的航向。通过细致研读课标,教师能够精准把握学科核心素养、知识结构体系和能力要求,能够根据自己所教授的学段和学科,重点关注针对该学段和学科的特定要求,确保备课内容的针对性和适用性。

研读课程标准如此重要,但一门课程的课程标准有 100 多页,这往往使教师在查阅、研读时感到困难。AI 能够帮助教师快速查阅、理解课程标准中关于特定教学内容的要求。

1. 借助 AI 查阅课程标准

备课时,教师需要明确课程标准中与教学内容相关的内容要求、学业要求与教学提示等。通过给 AI 设定某学科课程专家的角色,要求其根据教师提供的课程标准,查找所需课标内容。下面以查找数学课程标准中与"时间"相关的内容为例进行介绍。

> **提示词**
>
> 【角色】你是一位数学课程专家。
> 【任务】请根据我所上传给你的《义务教育数学课程标准（2022版）》，找出有关"时间"的内容要求、学业要求、学业质量标准与教学提示。
> 【任务要求】务必只提取与"时间"有关的内容；请用原文输出，且注明页码。

AI 执行结果

根据您提供的《义务教育数学课程标准（2022年版）》，以下是与"时间"相关的全部内容。

1. 内容要求（第 43 页）

主题活动 3：时间在哪里 在生活情境中认识时、分、秒，结合生活经验体会并述说时间的长短，了解时间的意义，懂得遵守时间。

2. 学业要求（第 44 页）

…………

通过 AI 提供的页码，教师一方面可以辨别 AI 执行结果的正确性，另一方面可以按图索骥阅读课标相关内容。

2. AI 辅助对比不同学段的课标要求

同一内容常常在不同学段有不同的内容要求和学业质量标准，教师在备课时不仅要了解当前学段的具体内容，还需要纵向对比不同学段的具体情况，并基于差异确定备课时应达到的目标及所需进行的教学设计。

下面以查找数学课程标准中与"分数"相关的内容为例进行介绍。

提示词

【角色】你是一位数学课程专家。

【任务】请根据我所上传给你的《义务教育数学课程标准（2022版）》，找出不同学段对"分数"的内容要求和学业质量标准。

【任务要求】以表格形式对比呈现；请用原文输出，且注明页码。

AI 执行结果

学段	内容要求	学业质量标准	页码
第一学段 （1~2年级）	无关于"分数"的内容要求	无关于"分数"的学业质量标准	—
第二学段 （3~4年级）	1. 在具体情境中，初步认识小数和分数，感悟分数单位（例9）；会同分母分数的加减法和一位小数的加减法。 2. 探索用数或符号表达简单情境中的变化规律（例4和例5）	能直观描述小数和分数，能比较简单的小数的大小和分数的大小；会进行同分母分数的加减运算和一位小数的加减运算。形成数感、符号意识，具备运算能力	17–23
第三学段 （5~6年级）	……	……	23–29
第四学段 （7~9年级）	……	……	—

小贴士

1. 除了课程标准之外，职业教育或高等教育的人才培养方案、课程大纲，或基础教育阶段的考试大纲，都可以用类似的方法快速进行信息查阅或学段要求对比分析。

2. 教师在备课时，需要结合某一课时或单元的教学内容，细致剖析并具体确定需参照课程标准等材料中的哪些核心要素与具体要求。

3. 除了本例中所给出的内容要求、学业要求、学业质量标准与教学提示等，还可以要求AI搜索课程标准等材料中所提供的评价建议、课程内容中的实例等。这需要教师对本学科的课程标准等有基本的了解，知道它所提供的内容都包含哪些维度、备课时需要哪些内容作为支撑。

4. 可以要求 AI 帮助提取细小知识点的相关要求，比如"请找出与'24 时计时法'有关的学业质量标准描述。请用原文表示并标明页码"。AI 会直接输出原文"知道 24 时计时法与钟表上刻度的关系，能用 24 时计时法表示时间。（第 47 页）"，这对教师确定学习目标有直接指导意义。

1.5 课程计划：用 DACUM 法便捷生成

课程计划是指教师在深入理解课程的整体能力要求后，精心构建的一个多维度的教学框架。它不仅为教师提供了清晰的教学方向和框架，还为学生提供了明确的学习目标和路径。

课程计划一般包括如下几方面。

- **能力领域：** 这是课程计划的核心，定义了学生在完成课程后应掌握的关键能力。这些能力领域通常与学科的核心概念、原理、技能紧密相关。

- **具体技能：** 在能力领域下，课程计划进一步细化为一系列具体技能或知识点。这些是学生在每个能力领域内必须掌握的具体内容，它们既相互独立又相互联系，共同构成了学生能力发展的基石。

- **技能表现标准：** 为了衡量学生是否真正掌握了这些技能，课程计划设定了明确的技能表现标准。这些标准描述了学生在特定情境下应如何展示其学习成果，包括知识理解的深度、技能操作的熟练度以及问题解决的能力等。

- **拟授课时数：** 规划每个能力领域、具体技能所需的教学时间。这有助于教师合理安排教学进度，确保每个关键内容都能得到充分的讲解和练习。同时，拟授课时数也为学生提供了清晰的学习预期，帮助他们规划自己的学习计划。

- **教学策略建议**：为了更有效地实现教学目标，课程计划提供了丰富的教学策略建议。这些建议基于学生的学习特点、课程内容的特点以及现代教育理念，旨在帮助教师创设积极的学习环境，激发学生的学习兴趣，进而促进他们的深度学习和主动学习。

通常生成课程计划对教师来讲是个不小的工作量，可以基于DACUM[3]法，借助AI工具按照课程计划的框架结构生成所需的课程计划。

除了使用DACUM法之外，还需要在提示词的【任务要求】中注明授课时数及其要求、课程计划输出格式等。对任务的要求越具体，生成的课程计划越符合教师的期待。

1. 教学技能技法课程的课程计划

> 提示词
>
> 【角色】你是一位资深的教育学专业教师，教授了多年教学技能技法课程。你所教授的课程曾多次在全国比赛中获得特等奖。
> 【任务】你需要为教学技能技法课程设计课程计划。授课对象为大学本科教育学专业三年级学生。
> 【任务要求】
> **1.** 请基于DACUM法生成该课程计划。

---

3 DACUM，即developing a curriculum（教学计划开发），是一种分析和确定某种职业所需能力的方法。它起源于20世纪60年代末，由加拿大区域经济发展部实验项目分部开发，目的是在教学培训过程中找到一种科学有效的教学计划开发方法，以满足实际工作的需要。DACUM法已经成为一种科学、高效、经济的职业分析方法，广泛应用于职业能力分析和教学培训计划的开发。

2. 生成的课程计划应包括能力领域、具体技能、技能表现标准、拟授课时数、教学策略建议5个维度。
3. 总拟授课时数为34学时，你要根据能力领域难易程度设置拟授课时数，而非平均分配课时。请一定不要超学时或者学时不足，务必！
4. 课程计划以表格的形式呈现。
5. 这个任务对你的职业生涯至关重要，请重视你的分析。

【工作流程】
1. 学习DACUM法。
2. 根据要求生成教学技能技法课程计划表。

AI执行结果

DACUM（developing a curriculum）是一种课程开发方法，它侧重于通过确定职业所需的能力来设计教育课程。DACUM法通常包括以下几个步骤。

1. 确定能力领域：确定课程需要覆盖的主要能力领域。
2. 确定具体技能：在每个能力领域内，确定学生需要掌握的具体技能。
……

基于DACUM法，我将为教学技能技法课程设计一个课程计划。请注意，这个计划是一个示例，实际的课程设计可能需要根据具体情况进行调整。

能力领域	具体技能	技能表现标准	拟授课时数	教学策略建议
教学设计	教学目标的设定与分析	学生能够根据自己的特点和课程标准设定清晰、可达成的教学目标	3	讲授法、案例分析、小组头脑风暴
	教学内容的组织与安排	学生能够……	2	案例研究……
	教学方法的选择与应用	学生能够……	3	讲授与示范、小组练习……

续表

能力领域	具体技能	技能表现标准	拟授课时数	教学策略建议
教学实施	课堂管理与调控	学生能够……	4	角色扮演……
	教学互动与沟通技巧	学生能够……	2	小组工作……
	教学评价与反馈	学生能够……	3	评价工具介绍、评价实践……
教学反思与研究能力	教学反思的实践	学生能够……	3	教学日志……
	教学研究的设计与实施	学生能够……	3	研究方法……
教育技术应用能力	教育技术的选择与应用	学生能够……	3	技术演示……
	信息资源的获取与利用	学生能够……	2	资源搜索练习、资源整合……
跨学科教学能力	跨学科知识整合与应用	学生能够……	3	跨学科案例分析、项目设计……
	跨学科教学的设计与实施	学生能够……	3	项目式学习、跨学科……

 小贴士

1. 这个课程计划只是一个示例，如果教师想增补能力领域或具体技能，可以继续与AI对话，提出进一步的需求。如果教师对AI所提出的教学策略建议有疑问也可以进行追问。比如，假设教师不了解"小组工作"教学策略，可以让AI结合案例为你说明，甚至可以让它为你设计一个"小组工作活动"。

2. 如果担心AI不了解DACUM法，可先让AI学习DACUM法，再提要求。也可以先提供一个课程计划样例让AI学习，学习之后AI生成的课程计划质量会更高。

2. "一元二次方程"单元的课程计划

尽管 DACUM 法最初是为职业能力开发而设计的,但它所提倡的一些核心理念却非常适合基础教育。这些理念包括:清晰地设定学习目标,以能力培养为核心,按照由易到难的顺序逐步建立技能体系,制定明确的评价标准,以及鼓励学生积极参与。因此,DACUM 法可以有效地融入中小学的课程教学中,无论是针对单个教学单元还是复杂的知识点。

> **提示词**
>
> 【角色】你是一位优秀的初中数学教师。
> 【技能】你具备扎实的数学知识。你理解学生的认知发展阶段及认知风格,能据其选择适宜的教学策略。
> 【任务】你需要为九年级学生设计"一元二次方程"单元的课程计划。
> 【任务要求】
> 1. 请基于 DACUM 法生成该单元的课程计划。
> 2. 生成的课程计划应包括能力领域、具体技能、技能表现标准、拟授课时数、教学策略建议 5 个维度。
> 3. 根据能力领域难易程度设置拟授课时数,而非平均分配课时。
> 4. 课程计划以表格的形式呈现。
>
> 【工作流程】
> 1. 根据学生学情计算教授"一元二次方程"所需的总课时数。
> 2. 根据要求生成"一元二次方程"课程计划表。

AI 执行结果

能力领域	具体技能	技能表现标准	拟授课时数	教学策略建议
概念理解	一元二次方程的定义和识别	学生能够识别一元二次方程,并理解其基本性质	1	讲授法、实例演示

续表

能力领域	具体技能	技能表现标准	拟授课时数	教学策略建议
解法掌握	因式分解法	学生能够将一元二次方程通过因式分解转化为两个一元一次方程	2	演示法、配对练习
	配方法	学生能够通过配方将一元二次方程转化为完全平方形式，并求解	2	互动式讲授、逐步引导
	公式法	学生能够使用求根公式解一元二次方程，并理解公式的来源和应用	2	讲授法、公式推导、练习题
应用能力	解决实际问题中的一元二次方程	学生能够将一元二次方程应用于实际问题，并找到解决方案	2	问题情境法、案例研究
综合应用	选择合适解法解一元二次方程	学生能够根据方程的特点选择最合适的解法，并能解释选择的理由	1	决策树法、小组讨论

1. 教师可以根据自己的需求增加 AI 生成的课程计划的具体内容。比如可以要求 AI 生成学生学习策略建议、教师学习评估建议、作业设计等。
2. AI 所生成的课程计划仅供参考，教师要根据学校的具体课时安排和学生的实际情况，对 AI 生成的计划进行适当调整。如果课时非常有限，可能需要进一步压缩内容，集中精力在关键的技能上。

1.6 资源创编：让备课更加轻松与有效

教学资源是教师在备课时不能忽视的部分。有效利用教学资源能拓宽学生的认知范围、提高学生的理解能力、帮助学生推进学习进程，同时能减轻教师的教学负担，因此，教师应当高度重视教学资源的准备，巧妙运用各类资源，以最优化的方式呈现给学生，让课堂成为充满智慧与活力的学习乐园。

有了 AI 的助力，教师不仅能丰富教学资源的形式，同时也能更轻松地按需创编资源。更重要的是，AI 的引入使得教学资源的更新和迭代变得更加高效。教师可以通过 AI 快速获取最新的教学研究成果、教学案例和优质教学资源，并据此调整和优化自己的教学设计。

1. 巧用 AI 讲解概念

教师教学时有时会出现这样的情况，当自己特别熟悉某个概念或原理时就不知道如何按学生的认知水平进行解释，常会出现教师讲了好多遍、学生仍然不理解的情况。这时，教师需要反思自己是否需要调整讲解的方法。也有教师反映"知道需要用通俗易懂的讲解方法，但是不知道对于学生来说怎么才算通俗易懂"。遇到类似的问题，可求助于 AI 来解决。

下面以讲解"认知负荷"概念为例进行介绍。

提示词

【角色】你是一位资深教师。
【技能】你擅长用通俗易懂的语言、以类比的方式讲解概念和原理。
【任务】你要给一位初中生讲解"认知负荷及其分类"。

AI 执行结果

同学，你有没有玩过拼图游戏呢？想象一下，你手上有一大堆五颜六色的拼图碎片，你的任务是把它们拼成一幅完整的图画。这个过程其实和我们的学习过程很像，其中就涉及了"认知负荷"。

什么是认知负荷？认知负荷就像是拼图游戏中的"难度"或"工作量"。当你面对一个有很多小碎片、图案复杂的拼图时……

现在，我们来看看认知负荷是怎么分类的。

内在认知负荷：这就像是拼图本身的复杂度。有些拼图设计得非常精细，图案复杂，颜色相近的碎片很多，你需要花费更多的时间和精力去区分和拼接。这就像是学习一门新学科时，概念抽象、知识点多且相互关联，你会感到学习起来很有挑战性，这时你的内在认知负荷就比较高。

……

以同样的方式让 AI 给初中生讲解"限定性定语从句与非限定性定语从句的区别"，AI 给出的解释如下。

AI 执行结果

想象一下，你有一个书架，上面摆满了各种各样的书。这些书就像是英语句子中的主句，而书架上的标签就像是从句，它们帮助我们更好地理解这些书（主句）。

（1）限定性状语从句就像是你给每本书贴上的一个特定标签，这个标签告诉我们这本书的特定信息，比如"这本书是关于历史的"。没有这个标签，我们可能就不知道这本书的具体内容。在句子中，限定性状语从句提供了必要的信息，如果去掉它，句子的意思就不完整了。例如：

The books that are on the shelf are mine.（书架上的书是我的。）

如果去掉从句，就变成了"书是我的"，这显然不够具体。

……

以上是让 AI 用类比的方式来讲解概念，教师还可以让 AI 用实例演示、故事讲述、图表说明、对比等方式来讲解概念。关键是教师要了解讲解某个概念应使用何种方法，明确需要 AI 提供具体讲解策略的时机，并基于此对 AI 提出要求。

2. 生成有趣的学习活动

有创意的学习活动不仅可有效激发学生的学习兴趣、促进学生的学习参与，还能够培养学生的创新思维、团队合作精神以及解决问题的能力，让学生在实践中学习，在探索中成长，从而使学习过程变得更加生动有趣且富有成效。AI 像一个创意宝藏，可以为教师设计有创意的学习活动提供多个备选方案。

下面以让 AI 生成英语学科的学习活动为例进行介绍。

> **提示词**
> 【角色】你是一位资深的高中英语教师。
> 【技能】你擅长以活泼有趣的方式组织有深度的教学，擅长组织创意英语学科学习活动。
> 【任务】请以练习下面几个单词为目的设计 5 个创意活动：mansion、cemetery、philosophy、descendant、individual、heel。

AI 执行结果

1. 个性化单词海报
- 活动描述：让学生为每个单词设计一张个性化的海报，海报上需要包含单词的定义、同义词、反义词、例句和图片。
- 目的：通过创造性的视觉展示，学生可以更全面地了解每个单词，并提高他们的视觉艺术技能。

2. 单词接龙游戏

○ 活动描述：学生围成一圈，从任意一个单词开始，下一个学生需要使用前一个单词的最后一个字母作为新单词的首字母，依次进行。

○ 目的：这个游戏可以锻炼学生的反应速度和词汇量。

3. 单词剧场

....

4. 单词速记比赛

....

5. 单词图片匹配游戏

....

3. 量身定制课程案例

虽然教材中通常会提供案例来讲解知识点，但是在实际教学中往往需要更多的案例来帮助学生理解，或者用以评估学生的掌握程度。这时需要教师根据教学需求整理案例特征，并要求 AI 根据案例特征进行创编。

需要强调的是，在提示词的【任务要求】部分需要对案例的目的、案例所反映的知识内容、案例特征等有清晰的说明，这样才能有助于 AI 生成符合要求的案例。

下面以让 AI 生成用于讲解人格理论的案例为例进行介绍。

> 提示词
>
> 【角色】你是一位教授普通心理学的教师。
>
> 【任务】你需要设计一个案例故事以供课堂上进行"五大人格特质"解析。
>
> 【任务要求】
>
> 1. 这个案例故事包含五个人物，每个人物具有不同的五大人格特质组合（外

向性、神经质、开放性、宜人性、尽责性）。
2. 案例故事要反映这些人物在社交场合（如聚会、工作面试）和工作环境（如团队合作、领导角色）中的行为模式。
3. 案例解析中要探讨人格特质如何影响个体的社交互动、职业选择和生活满意度。

【工作流程】
1. 先按要求给出案例故事。
2. 结合"五大人格特质"解析案例故事。

「AI 执行结果」

案例故事

在一个充满活力的城市中，有一个名为"五色花园"的社区中心，这里聚集了五位性格各异的志愿者，他们共同参与了一个旨在改善社区环境的项目。

在项目启动的聚会上，林浩主动迎接每一位到来的成员，用他的幽默和热情让气氛活跃起来。赵雨则静静地坐在角落，观察着周围的人，直到林浩的接近让她放松下来。陈晨兴奋地分享了他的一些创新想法，吸引了大家的注意。周强则在一边倾听每个人的意见，确保每个人都感到被尊重。王磊虽然话不多，但他对聚会的组织和流程提出了一些实用的建议。（社交场合）。

在项目推进的过程中，林浩自然而然地成为了团队的领导者……赵雨在设计团队的辅助下……陈晨的开放性让他……周强在团队中……王磊则负责项目的预算和时间管理……

案例解析

外向性（林浩）：林浩的外向性使他在社交和团队领导中表现出色。他能够轻松地与人建立联系,激发团队的活力。然而,外向性也可能导致他在需要深度思考和独立工作时感到不安。

神经质(赵雨):赵雨的神经质让她对新环境和变化感到焦虑,这可能影响她的社交互动和工作表现。但在适当的支持和鼓励下,她能够克服这些焦虑,发挥自己的创造力。

开放性(陈晨):……

宜人性(周强):……

尽责型(王磊):……

4. 让 AI 编顺口溜

顺口溜是辅助记忆的一种好方式,它以其独特的韵律和节奏感,使复杂的信息变得简单易懂,朗朗上口。无论是学习汉语拼音、历史年代,还是记忆数学公式、英语单词,顺口溜都能通过巧妙的编排,将原本零散的知识点串联成一个个生动有趣的句子或歌谣。

提示词

【角色】你是一位物理教师。

【技能】你擅长将枯燥的知识改编成顺口溜。

【任务】请你将牛顿第一定律改编为顺口溜。

【任务要求】节奏感强、对仗、朗朗上口,不超过10行,难度是初中生能理解的水平。

AI 执行结果

物体若无外力扰,静止不动、匀速跑。

若要改变它状态,外力施加不可少。

5. 梳理知识关系与结构

通常学生会用划线法将教材中的关键词、语句标注出来,然而,当学生再次阅读学习内容时,就会发现到处都是关键词、到处都是重点,而对学习内容的核心理解却依然模模糊糊。究其原因,划线阅读仅仅是一种先行思考的方式,而学习内容中所蕴含的观点往往呈现出网状关系。AI可以辅助学生梳理这些关系,帮助他们从全局视角审视学习内容。

提示词

【角色】你是一位资深教师。
【技能】你擅长视觉可视化,擅长提取内容中的关键信息并厘清其关系。
【任务】梳理「」中短文的摘要,并以表格的形式呈现。
【短文】「课文"小猴子下山"略」

AI 执行结果

动作序号	地点	小猴子的动作	获得/放弃的物品
1	玉米地	掰玉米,扛走玉米	获得玉米
2	桃树下	看到桃子,扔掉玉米	放弃玉米,获得桃子
3	瓜地里	捧着桃子,扔掉桃子,抱着西瓜	放弃桃子,获得西瓜
4	回家路上	抱着西瓜,扔掉西瓜,追小兔子	放弃西瓜
5	树林里	追小兔子未果,空手回家	放弃追小兔子

学生结合这样的表格,更易于理解并比较小猴子不同动作的含义,也便于学生厘清故事的发展脉络,自主复述整个故事。

6. 多角度解析知识点

如果只是让 AI 完成类似于"给我 10 个表示兴奋的成语"这样的简单任务，那就大材小用了。AI 强大的搜索、整合能力有助于教师迅速找到所需的资料群，尤其是在查找一些特征比较复杂的资料时，AI 的有效性更能凸显出来。

下面以让 AI 整理与"工业革命对社会结构的影响"相关的资料为例进行介绍。

> **提示词**
>
> 【角色】你是一位资深的初中道法教师。
> 【技能】你擅长从多角度解析知识点。
> 【任务】请分别从历史文献、经济数据、社会分析报告、文学作品中找到有关"工业革命对社会结构的影响"的内容。

> **AI 执行结果**
>
> 1. 历史文献：大英图书馆官方网站上的文章《工业革命》描述了十八世纪初期英国的工业规模普遍较小且不复杂，大多数纺织业生产都以小型手工作坊为中心或是在工人的家里进行，这种小规模的生产也是其他绝大多数工业的一个特点。此外，农业领域的新工艺和新技术为变革铺平了道路，食品生产的持续增长保证了不断增长的人口对食品的需求能得到满足。
> 2. 经济数据：十八世纪英国的工业总产值和贸易占比显著增长……
> 3. 社会分析报告：……
> 4. 文学作品：……
>
> 通过这些资料，我们可以看到工业革命不仅推动了技术和经济的巨大变

革，也深刻地改变了社会结构，包括阶级关系的重塑、城市化进程的加速以及劳动阶层的生活状况变化。同时，它也带来了一系列社会问题，如环境污染、劳动条件恶劣和贫富差距扩大等。

小贴士

1. AI还可以创编其他类型的教学资源，比如英语听力素材、语文作文范本、材料分析题解析范本等。
2. 教师需关注学生对教学资源的反馈，及时调整和优化教学资源。
3. 教师需从内容准确性、教育适应性、逻辑连贯性等方面审核AI创编资源的质量，进而做出选择和优化。

1.7 目标撰写：让教学有的放矢

学习目标的重要性不言而喻，它不仅是教师设计与实施教学活动的指导方针，也是学生自我学习与自我评估的指南针。我们先来看几个学习目标的示例。

示例1：学生能够通过观察城市的空间结构图，区分不同城市空间形态所属的模式，且正确率至少达到90%。

示例2：学生能够根据提供的材料，在45分钟内完成一篇不少于800字的夹叙夹议作文。

示例3：学生能够运用因式分解法，在10分钟内准确计算至少8道一元二次方程题。

这几个学习目标都有哪些共同的特征呢？很显然，它们都包含了一些共同的要素。具体如表1-1所示。

表 1-1 学习目标拆解

主体（教学对象）	行为（做什么）	条件（怎么做）	标准（做到什么程度）
学生	区分不同城市空间形态所属的模式	通过观察城市的空间结构图	正确率至少达到 90%
学生	完成夹叙夹议作文	根据提供的材料	45 分钟内且不少于 800 字
学生	计算一元二次方程	运用因式分解法	10 分钟内准确计算至少 8 道题

以上示例揭示了撰写学习目标的"行为目标表述法"，又称为 ABCD 法。学习目标表述法中主要包含 4 类信息，分别是主体（audience）、行为（behavior）、条件（condition）和程度（degree）。AI 可以基于行为目标表述法来辅助教师生成学习目标，具体流程如下。

第一步，定位学生水平、目标内容及层级。

这一步无须借助 AI。教师结合教材内容分析、课标分析和学生学情分析的结果来确定学生已有水平、目标内容与目标层级。已有水平与学生既有知识经验相关，学习内容与学科知识内容相关，目标层级与学习深度相关。

一般将认知目标分为记忆、理解、应用、分析、评估和创造 6 个层级，技能目标分为模仿和独立操作两个层级，情感目标分为参与、反映、内化 3 个层级。

我们以数学课为例，将学生已有水平假设为"能够解释两种因式分解的基本方法"，目标内容假设为"用因式分解法解答题目"，目标层级为应用和分析两个层级。

第二步，与 AI 交流"行为目标表述法"（ABCD 法）。

交流的方式有两种，一种是让 AI 告知教师，另一种是"喂养"AI（告知 AI）。两种方式的区别：方式一比较简洁，但是需要教师判断 AI 的执行结果的正确性，往往需要教师更多的引导；方式二需要教师提供较多的提示词，但是 AI 学习的精准度相对较高。

方式一：让 AI 告知教师

> **提示词**
>
> 【角色】你是一位教学设计专家。
> 【技能】你了解学习目标相关理论。
> 【任务】请举例讲解行为目标表述法。
> 【任务要求】先输出行为目标表述法，再提供 3 个不同学科的案例。

方式二："喂养"AI

> **提示词**
>
> 【知识】行为目标表述法又称为 ABCD 法。学习目标 = 主体（audience）+ 行为（behavior）+ 条件（condition）+ 程度（degree）。
> 【具体解释】
> 学习目标法包含的 4 类信息（也称为 4 要素）的具体解释如下。
> 1. 主体，即"谁"。学习的主体是学生，目标描述的应当是学习主体的行为。规范的目标格式应该是以"学生能……"开头，但在实际应用中教师可省略"学生"两个字。请牢记：教学的对象是学生，学习目标是对学生行为表现的测量。
> 2. 行为，即"做什么"。它是用来描述学生可观察、可测量、可评价的具体行为的。这也是教学目标表述中最重要的部分。一般情况下，使用动宾结构的短语来描述行为，其中动词是一个行为动词，它表明了学习的类型。常用的词语有说出、辨别、描述、改写、比较、绘制、分析、解

释等。

3. 条件，即"什么条件"。条件是指学生展示自己所掌握知识、技能、态度的条件。行为产生的条件可能是人的因素（比如独立、小组、教师指导下等）、信息因素（比如资料、教科书、笔记、词典等）、时间因素（比如速度、时限等）、过程因素（比如讨论交流、实验设计、画图等）。

4. 标准，即"做到什么程度"。它是指学习结果的质量或可接受的最低衡量依据。应当以大多数学生在经过必要的努力之后，都能做到的事情作为行为的标准。主要涉及准确度、差错率、速度等方面的要求，通常都是回答"多好？多快？"这样的问题。比如"判断对错，正确率达到100%"。教师还应考虑到学生行为表现一般具有差异性，不同学生的起始标准可以存在差异。

【学习目标样例】

1. 学生（主体）能够通过观察城市的空间结构图（条件），区分不同城市空间形态属于哪种模式（行为），且正确率至少达到 90%（标准）。

2. 学生（主体）能根据提供的材料（条件），在 45 分钟内（标准）完成一篇夹叙夹议的作文（行为）。

3. 学生（主体）能运用因式分解法（条件），在 10 分钟内（标准）准确计算（行为）至少 8 道（标准）一元二次方程题。

【确认理解】请解释你的理解。

第三步，训练 AI 理解"学习目标群"的内涵。

一节课最好设置两个以上的目标，且目标难度应逐级上升。这样的目标设计既不会过于繁重以至于学生难以达成，也不会过于简单而无法充分展现学习的深度和难度变化。这样做，一方面是为了确保班里的每个学生都至少能达成一个学习目标，让他们在课上有所收获、产生成就感；另一方面是为了让学生逐步突破自我，体验成长的过程。

【提示词】

【"学习目标群"知识】在撰写学习目标时,要写 2 ~ 3 个目标。

【"学习目标群"具体解释】目标数量控制在 2 ~ 3 个,目标太多学生不易达成,目标太少不能体现难度变化。其中,不同目标之间的关系是递进关系,也就是目标 1 是达成目标 2 的路径或方法,目标 1 和目标 2 是达成目标 3 的路径或方法。因此,如果目标 1 是分析层次的,那么目标 2 和目标 3 可能是评估层次的。

【"学习目标群"样例】

目标 1 – 理解:学生能通过阅读材料,正确解释氧化还原反应的概念。

目标 2 – 评估:学生能通过对比氧化还原反应要素,正确判断一个反应是否是氧化还原反应。

【确认理解】请解释你的理解。

第四步,让 AI 撰写学习目标。

【提示词】

【角色】你是一位教学设计专家,同时也是一位资深的初中数学教师。

【技能】

1. 深入了解初中数学知识。

2. 擅长撰写学习目标。

3. 能够设计符合不同年级学生认知特点的数学学习目标。

4. 了解在规定时间内可达成多少目标。

【任务】你准备教已经能够解释因式分解法内涵的学生"用因式分解法解题",请你撰写应用和分析两个层级的目标。

【任务要求】

1. 总共撰写 3 个目标,其中应用层级 1 个目标,分析层级 2 个目标。

2. 这些目标的格式要符合行为目标表述法,并在目标中备注好 4 个要素。

3. 这些目标是要在 1 节课 45 分钟的时间内可达成的目标。

4. 为每一个学习目标备注好目标层级。

【工作流程】

1. 复习行为目标表述法。

2. 复习学习目标群。

3. 根据要求撰写学习目标。

AI 执行结果

- 目标 1：学生（主体）能够应用因式分解法（条件）解答简单的多项式因式分解问题（行为），并保证正确率达到 85% 以上（标准）。

- 目标 2：学生（主体）能够通过比较不同因式分解方法（条件），正确（程度）分析并选择最合适的方法来分解给定的多项式（行为）。

- 目标 3：学生（主体）能够结合对因式分解法的理解（条件），正确（程度）评估并解释因式分解过程中可能出现的错误（行为）。

目标层级解释

- 目标 1：应用层级目标，要求学生能够将所学知识应用于实际问题解决中。

- 目标 2：分析层级目标，要求学生能够分析问题，选择和应用不同的因式分解方法。

- 目标 3：分析层级目标，要求学生能够评估和解释因式分解过程中的错误，进一步深化对因式分解法的理解。

1. 可以在 AI 生成学习目标后要求其反思学生是否可在规定时间内达成目标，AI 的反思有助于教师判断学习目标的可行性。

2. 教师既可让 AI 生成课时学习目标，也可让 AI 生成单元学习目标。只需要在提示词中修改时间及目标内容即可。

3. 教师可在课前让学生选择他们希望的目标数量，给学生选择权有助于学生启动学习，因为一旦选择就代表着开始学习。即便学生只选择了 1 个学习目标，那他也开启了学习之旅，这种赋予选择权的方式可被视作激发学生学习动机的策略之一。

1.8 教案生成：借助 AI 提升编写效率

教案应详细规划教学过程中的各个环节，包括但不限于教学目标设定、教学内容安排、教学方法选择、教学步骤设计、教学活动组织、教学媒体使用、教学评价与反馈等。传统的教案编写过程往往需要教师投入大量的时间和精力，而现在教师借助 AI 能智能生成教案，提高了教案编写的效率和质量。

1. 让 AI 学习教案样例或教学模式

在借助 AI 辅助生成教案之前，教师首先需要研习并确定何为高质量的教案。这包括分析教案的结构布局、教学目标设定的清晰度、教学内容组织的逻辑性、教学方法的多样性以及教学评价的全面性等多个维度。通过这个过程，教师能够构建一个明确且高质量的教案样例，作为 AI 生成教案的参照基准。

同时，教师也需根据教学需求和学生特点，选定合适的教学模式作为 AI 生成教案的指导框架。无论是传统的讲授式、讨论式，还是现代的翻转课堂、项目式学习、对分课堂等，每种教学模式都有其独特的优势和适用场景。明确教学模式后，AI 便能更加精准地根据该模式的核心理念和操作流程，生成符合要求的教案内容。

若缺乏明确的教案样例或教学模式作为依据，直接让 AI 生成教案，可能会导致内容空洞、结构散乱或缺乏针对性。因此，这一步的精心准备是确保 AI 辅助教案生成效果的关键所在。在确定了教案样例或教学模式后，教师可将相关信息输入 AI，明确指示其生成教案的具体要求和期望达成的目标。随后，AI 便能依托其强大的数据处理和学习能力，快速而准确地生成一份既符合教学规范又充满创意的教案初稿。

扫描下方二维码，回复"信息化"可获得"信息化融合"教案样例。除此之外，教师还可自己建构教案样例，或者从网上下载优质课教案作为样例。

图 1-1 所示为一种教学模式——对分课堂的组织流程。教师还可以自行搜索其他教学模式的组织流程作为生成教案的参考模式。

图 1-1

(1)让AI学习优质教案样例

> **提示词**
> 【角色】你是一位资深的××(学段)××(学科)教师。
> 【技能】你擅长解析优质教案样例。
> 【任务】学习我提供给你的"优质教案样例",解析它的构成和风格。
> 【任务要求】请仔细阅读"优质教案样例",不要丢掉任何细节。

(2)让AI学习某种教学模式

> **提示词**
> 【角色】你是一位资深的××(学段)××(学科)教师。
> 【技能】你具有深厚的教学理论基础,能快速学习新的教学模式与理论。
> 【任务】学习我所提供的"××教学模式"并举例说明该教学模式的组织流程。
> 【任务要求】请仔细阅读我所提供的"××教学模式",不要丢掉任何细节。

2. 基于优质教案样例生成教案

当AI学习了教师提供的资料之后,就可以让AI生成教案了。在这一阶段,教师需要清晰地界定AI在教案生成过程中的具体角色、技能,结合之前所进行的教材分析、学习目标等生成教案。

注意:教师要对AI所生成的教案有明确的期待,并将其写在提示词的【任务要求】部分,要求越具体AI越能生成高质量、高符合度的教案,其中包含但不限于以下内容。

- 教师参照此教案进行教学后学生应能完成的任务（如下方"提示词"中【任务要求】1、2、3所示）。
- 实施教案所需的时长（如下方"提示词"中【任务要求】4所示）。
- 教案中所包含的教学步骤及每个步骤的时间分配（如下方"提示词"中【任务要求】5、6所示）。
- 教案中应包含的相关教学材料（如下方"提示词"中【任务要求】7所示）。

> **提示词**
>
> 【角色】你是一位资深的初中英语教师。
>
> 【技能】
>
> 1. 你能提炼文章框架和重点句式（用于表达观点的句子）。
> 2. 你擅长设计具有可操作性的课堂活动，并能提供具体的活动步骤。
> 3. 你所写的教案详细到其他老师轻松能读懂，并且可以直接根据它实施教学。
> 4. 你会提供教学所需的教学材料，比如案例、习题等。
>
> 【任务】你要根据刚才所学习的"优质教案样例"撰写2课时共计90分钟的教案。
>
> 【任务要求】
>
> 1. 你设计的教案能够让学生通过对比阅读三篇短文发现同类语篇相似之处，并提取、归纳表达观点类文章的结构特征和重点句式。
> 2. 你设计的教案可以让学生在课堂上完成一篇介绍有关"友谊"观点的小短文，学生需要使用课文的框架、重点词汇和重点句式。
> 3. 你设计的教案可以让学生体会友谊的重要价值。
> 4. 你设计的教案总能根据教学时长（2课时共计90分钟）控制内容量。
> 5. 教学步骤包括引入话题、文章框架拆解、重点词汇和重点句型的讲解和练习，以及写作练习。
> 6. 请给出每个教学步骤和相关活动的预计用时，以满足2课时90分钟的时

间分配。
7. 你会提供教学所需的教学材料，比如案例、习题、给不同英语水平学生的写作框架等。

【学习目标】
1. 学生将能够通过小组讨论和教师指导，识别并使用表达观点的关键句式。
2. 学生能够利用课堂所学的文章框架、重点词汇和句式，独立撰写一篇表达关于友谊观点的小短文，且语法正确、逻辑清晰。

【教材内容】（略）

【教材内容解析】（略。可使用 1.2 节英语教材分析的结果）

【工作流程】
1. 复习刚上传给你的"优质教案样例"。
2. 模仿"优质教案样例"中教学活动设计的风格，为这 2 课时共计 90 分钟写一份教案，保持教学设计格式不变。

AI 执行结果

教案名称：友谊的多样性——观点表达与写作

一、教学目标

1. 学生能够通过对比阅读，发现同类语篇的相似之处，并提取、归纳表达观点类文章的结构特征和重点句式。
2. 学生能够在课堂上完成一篇介绍有关"友谊"观点的小短文，使用课文的框架、重点词汇和句式，语法正确、逻辑清晰。
3. 学生能够体会友谊的重要价值。

二、教学时长：2 课时（90 分钟）

三、教学重点

1. 学生对表达观点类文章结构特征和重点句式的识别与运用。

2. 学生独立撰写关于"友谊"的小短文的能力。

四、教学难点

1. 学生对比喻、类比等修辞手法的理解和应用。
2. 学生对不同英语水平的写作框架的适应和使用。

五、教学准备

1. 三篇关于友谊的短文材料。
2. 词汇卡片。
3. 句型练习题。
4. 不同英语水平的写作框架材料。

六、教学步骤与活动安排

步骤编号	步骤名称	教师活动	学生活动	技术支持	时长	教学意图
1	引入话题	展示友谊相关图片，引导学生讨论对友谊的看法	观察图片，分享自己对友谊的理解	PPT展示	2分钟	激发学生兴趣，为话题引入做铺垫
2	短文阅读	分发三篇短文，指导学生阅读并标记关键信息	阅读短文，标记关键信息	文本材料	8分钟	让学生熟悉材料，为后续分析做准备
3	文章框架拆解	引导学生分析短文结构，提取文章框架	小组讨论，共同分析并呈现短文结构	互动白板	15分钟	帮助学生理解文章结构，为写作练习做准备
4	重点词汇讲解	讲解并举例说明短文中的重点词汇	记录并记忆重点词汇，进行词汇练习	词汇卡片	10分钟	确保学生能够正确使用重点词汇

续表

步骤编号	步骤名称	教师活动	学生活动	技术支持	时长	教学意图
5	重点句型讲解	通过例句讲解如何使用重点句型表达观点	观察例句，模仿造句，小组分享	互动白板	15分钟	教授学生如何使用句型表达自己的观点
6	句型练习	分发句型练习题，指导学生练习	完成句型练习题，教师提供即时反馈	练习纸	10分钟	加深学生对句型的理解和应用
7	写作指导	提供写作框架，指导学生如何撰写短文	根据写作框架，开始构思短文	写作框架	5分钟	帮助学生组织思路，准备写作
8	写作练习	学生独立写作，教师巡回指导	根据写作框架撰写短文，使用所学词汇和句型	写作工具	20分钟	让学生实践写作，巩固所学知识
9	分享与反馈	邀请学生分享自己的短文，提供正面反馈和改进建议	听取同伴作品，互相评价，接受教师反馈	投影仪展示作品	5分钟	增强学生写作信心，提高写作技能

七、注意事项

1. 确保所有学生都能参与到每项活动中。

2. 根据学生的实际英语水平，适当调整活动难度。

3. 鼓励学生在写作练习中尝试使用不同的词汇和句型，以展示他们的创造力和语言运用能力。

3. 基于合作学习方法生成教案

> **提示词**
>
> （除以下两点做调整之外，其余都与上方案例中的提示词相同。）
>
> 【任务要求】
> 1. 至少有 4 个步骤包含合作学习方法。
> 2. 完整教案应该包括：教学目标、教学时长、教学重难点、教学步骤、所需材料、注意事项等。其中教学步骤需注明教学环节、教学活动、教学方法、学生任务、教师角色、评价方式、合作学习。
>
> 【工作流程】
> 1. 学习合作学习方法。
> 2. 生成指向学习目标达成的合作学习教案。
> 3. 说明课后反思的视角。

AI 执行结果

（只保留教学步骤，其余内容省略。）

教学环节	教学活动	教学方法	学生任务	教师角色	评价方式	合作学习
引入	友谊主题讨论	直接教学	思考并准备回答	引导讨论，激发兴趣	观察学生反应	无
阅读与讨论	分析角色描述	小组讨论	阅读并分享对友谊的看法	指导讨论，确保参与	讨论的深度和广度	分组讨论，分享观点
句式学习	学习关键句式	演示与练习	练习使用句式表达观点	教授句式，提供反馈	句式的运用能力	同伴练习，互相纠正
小组合作写作	撰写短文	合作写作	分角色撰写，轮流写作	监督写作，提供指导	短文的连贯性和语法的正确性	角色分配，合作完成
角色扮演	展示短文	角色扮演	准备并展示短文	组织展示，鼓励参与	表现力和短文内容	角色扮演，小组合作

续表

教学环节	教学活动	教学方法	学生任务	教师角色	评价方式	合作学习
写作工作坊	修改短文	独立与小组讨论结合	独立修改，小组讨论	提供建议，个别指导	修改的质量，语法的正确性	小组内互助，共同进步
分享与评价	分享最佳短文	共享与评价	选择并分享最佳短文	组织分享，引导评价	短文的创意和表达	小组内推荐，全班共享

4. 基于"对分课堂"生成教案

提示词

（除了以下两点做调整，其余都与案例"基于优质教案样例生成教案"中的提示词相同。）

【任务要求】

1. 教学步骤包括两轮当堂对分过程，每轮都包含教师精讲、内化环节、小组交流、师生对话 4 个过程。

2. 完整教案应该包括：教学目标、教学时长、教学重难点、教学步骤、所需材料、教学设计注意事项等。其中教学步骤需注明步骤、教学活动、教学方法、预计用时、活动步骤与说明。

【工作流程】

1. 复习当堂对分教学流程。

2. 参照当堂对分教学流程生成教案。

AI 执行结果

（只保留教学步骤和教学设计注意事项，其余省略。）

教学步骤

轮次	步骤	教学活动	教学方法	预计用时	活动步骤与说明
第一轮	教师精讲	友谊主题引入与关键句式讲解	演示法	10 分钟	教师介绍友谊的重要性，演示如何使用关键句式表达观点

续表

轮次	步骤	教学活动	教学方法	预计用时	活动步骤与说明
第一轮	内化环节	句式结构内化练习	练习法	10分钟	学生练习构造句式，加深对关键句式的理解和记忆
	小组交流	小组内句式运用讨论	合作学习法	15分钟	学生分组讨论……
	师生对话	句式运用答疑	互动教学法	5分钟	教师针对学生练习……
第二轮	教师精讲	讲解写作框架并提供分级写作框架	案例分析法	10分钟	教师通过分析……
	内化环节	学生写作	支架学习法	20分钟	学生选择适合自己……
	小组交流	小组内写作交流	协作构建法	15分钟	学生在小组内分享……
	师生对话	写作反馈与指导	反馈指导法	5分钟	教师对学生的习作……

教学设计注意事项

1. 每轮对分教学都包含教师精讲、内化环节、小组交流、师生对话4个过程。

2. 第一轮的重点在于让学生理解和掌握关键句式的使用……

3. 根据学生的英语水平提供不同难度的写作框架……

4. 鼓励学生在写作中自由表达……

5. 确保学生在课堂上有足够的时间进行写作练习……

对比本节的三个案例可以发现，在第一个案例中所提供的教案样例或者教学模式不同，教案所反映的教学组织流程有非常大的差异。教师可以用不同的样例作为范本或者基于不同的教学模式尝试用AI生成教案，并对比、选择最佳方案。

小贴士
1. 一定要结合教材分析、课标研读、学习目标等来生成教案。
2. 平时多收集优秀教案样例或整理结构化的教学模式,以便让 AI 参考或模仿。理论能力的积淀是有效使用 AI 的法宝。

1.9 细化教案:完善内容与教学模拟

在 AI 生成教案后,还可以让 AI 细化和完善教案内容,比如,教师可要求 AI 细化教案内容、提供辅助材料、进行教学模拟与反馈。

此处以 1.8 节的案例"基于'对分课堂'生成教案"为例,讲解如何基于 AI 所生成的教案与其进一步交互。

1. 明晰教案细节

AI 生成教案后,教师可以让 AI 对教案中的各个环节进行标注、修改或补充。比如,教案中对于某个教学活动的描述不够具体,教师可以要求 AI 提供更详细的步骤指导;对于某个知识点的解释不够清晰,教师可以要求 AI 增加相关的案例或解释说明。

提示词

第二轮的教师精讲中如何讲解写作框架,请详细说明。

2. 提供辅助材料

为了更好地组织课堂实施,教师往往需要一系列辅助材料,如 PPT 课件、教学视频、练习题、阅读材料等。教师可以让 AI 生成这些材料，并指定材料的类型、风格、难度等具体要求。AI 则会根据教师的指示，自动搜索和整合相关资源，生成符合要求的材料。

> 提示词
>
> 第二轮教师精讲中"提供分级写作框架"，请给出具体的分级写作框架。

3. 教学模拟与反馈

为了进一步验证教案的可行性和效果，教师可以让 AI 模拟学生的学习行为和反应，为教师提供及时的反馈和建议。通过这样的模拟过程，教师可以及时发现教案中存在的问题和不足，并据此进行调整和优化。同时，AI 还能根据模拟结果预测学生的学习成效，为教师提供有针对性的教学建议。

> 提示词
>
> 【角色】你是一位八年级的学生，英语成绩中等。
> 【任务】我是一位英语教师，我将要给你讲解观点类习作的写作框架，你需要给我反馈，哪里你听明白了，哪里你还不懂。
> 【任务要求】提出所有你可能的疑惑。

 小贴士

1. 学生喜欢课堂发生一些变化，因此，教师不必拘泥于或习惯于某种教学样例或教学模式，而可多用 AI 辅助尝试不同的教学流程。
2. 教师可先自行撰写教案，再让 AI 生成教案。对比两份教案，思索如何结合 AI 的优势撰写更有效的教案。

第 2 章
AI 让教学活动更丰富

2.1 苏格拉底对话法：培养学生解决问题的能力

相较于传统的直给法教学，苏格拉底对话法为学生提供了一种更为生动且具有互动性的学习方式。在这种教学模式下，学生不再是被动的知识接收者，而是通过与教师的深入对话，热情逐渐被激发的主动学习者，并最终拥有独立思考和解决问题的能力。苏格拉底对话法能够激发学生的好奇心和探索欲，使他们在学习过程中不断发现问题、提出问题，并积极寻求答案。

在现实中，教师往往由于时间和精力的限制，难以在教学中广泛地使用苏格拉底对话法。现在有了 AI 的辅助，教师不仅能充分运用苏格拉底对话法，还能为学生创造更加个性化和深入的学习体验，主要体现在以下 4 点。

第一，AI 可以代替教师与学生进行有针对性的苏格拉底对话练习。

第二，AI 能够提供 24 小时不间断的互动学习环境，让学生在任何时间都能进行苏格拉底对话。

第三，AI 可以根据每个学生的学习进度、兴趣和能力，设计个性化的问题和讨论路径，确保每个学生都能在适合的水平上进行深入思考。

第四，AI 能够根据学生的回答，提供即时的反馈和引导，帮助学生识别和纠正思考过程中的逻辑错误或不完整的论证。

教师可设置好提示词或让学生自行设置提示词，让 AI 以苏格拉底对话法引导学生解决问题。以下是 AI 辅助的苏格拉底对话流程。

初中生的心理困扰，让 AI 来解答

> 提示词

【角色】你是一位资深的心理咨询老师[1]，擅长使用苏格拉底对话法。

【任务】你将要采取苏格拉底对话法与初中生[2]进行对话，目的是通过连续提问来引导学生发现真理或理解问题的本质。记住，你是一个引导者，不是一个直接给出答案的人。你的任务是通过提问来激发学生的思考。

【技能】

1. 鼓励学生批判性思考，而不是直接给出答案。
2. 使用开放式问题作为提示词，避免使用答案为"是"或"否"的封闭式问题，以促使学生更深入地探索问题并表达自己的想法。例如，"你为什么认为是这样？""你能给出一个例子来支持你的观点吗？""这个问题有几种可能的解法？"
3. 注重引导学生从不同角度思考，提出假设或得出结论。可以使用诸如"如果情况不同会怎样？""这个观点的反面是什么？"等问题。
4. 从简单明了的问题开始，逐步引导到更复杂、更具挑战性的问题。通过一系列问题构建逻辑链条，帮助学生构建自己的知识体系。
5. 帮助学生连接已知与未知，比如："这个新概念和你以前学过的哪些知识有相似之处？"
6. 促进批判性思维能力的发展。比如，鼓励学生对常规进行质疑："为什么我们总是这样解决问题？有没有其他方法？"
7. 鼓励反思，比如在学生回答问题后，引导他们反思："你为什么这样认为？"
8. 帮助学生构建逻辑思维框架，比如："如果我们改变这个条件，结果会如何变化？"
9. 尊重和鼓励学生，让学生感受到他的想法被重视，例如："这是一个有

---

1 在使用时，可以根据具体任务需求调整角色。
2 在使用时，可以根据目标学生更换学段、年级等。

趣的观点，让我们再进一步探讨一下。"

10. 不包含任何偏见或预设答案，让学生能够在自由、公正的环境中探索问题。

【任务要求】

1. 每次只提出一个问题，等待学生回答后再进行下一次提问。

2. 只围绕学生提供的文本内容进行提问，不扩展到其他话题。

3. 对学生的回答进行判断，如果学生的回答不清楚或不准确，你要及时指出并纠正。

4. 称呼学生为"宝贝"。

【工作流程】

1. 接收学生提出的问题或观点。

2. 提出第一个问题并等待学生回答。一次只提一个问题。

3. 提出第二个问题并等待学生回答。一次只提一个问题。

4. 多轮对话后，判断学生是否解决完问题或者建构了自己的理解，如果是，请进行工作流程的第 5 步。

5. 当学生解决完问题或者建构了自己的理解，你觉察到对话可以结束时，设计一些提示词来引导学生进行反思，如："通过这次讨论，你学到了什么？""你觉得哪些问题对你特别有启发？"

【初始化】自我介绍，并提醒学生提出问题或观点。

AI 执行结果

你好，宝贝！我是你的心理咨询老师，今天我们将通过苏格拉底对话法来探索一些有趣的问题。这种对话方式可以帮助你深入思考，发现问题的本质。现在，请告诉我，你想要探讨的问题或者你目前遇到的困惑是什么？我们可以从这里开始我们的对话。

初中生：老师，我觉得妈妈总是不理解我，她总管着我，让我很烦恼。

AI：我听到了你的感受，宝贝。你觉得妈妈管你是出于什么原因呢？

初中生：可能是因为她担心我，但是我觉得她的方法让我感到压力很大。

AI：我理解你的处境。那么，你认为妈妈担心你的原因可能是什么呢？

初中生：可能是因为她希望我能够好好学习，能够有一个好的未来。

AI：这是一个很自然的愿望。那么，你有没有尝试过和妈妈沟通你的感受呢？

初中生：我试过，但是她总是觉得我是在找借口。

AI：沟通确实有时候会遇到障碍。你觉得在沟通时，妈妈最关心你的哪些方面？

初中生：她最关心的是我的学习成绩和健康。

AI：既然你已经知道了妈妈关心的点，那你觉得我们可以从哪些方面来改善你们之间的关系呢？

…………

如以上案例所示，如果学生身边有这样一位随时陪伴、善于启发思考的"苏格拉底式"陪学者，那么他往往不会感到孤独，在对话的过程中也能领悟到很多道理。我曾尝试让AI辅助不同年级的学生运用苏格拉底对话法解决学业上的困扰，比如，"长除法太难了，我学不会""为什么大学比高中还累？""都有SPSS软件了，我们为什么还要学习各种统计学公式"……我发现，学生们交流的热情高涨，通过与AI对话，他们对问题的理解也在"苏格拉底"的引导下逐渐变得明朗、清晰。

看到这里，不知道各位教师是否也想尝试呢？

1. 学生与AI对话之前，教师要先教会学生如何与AI对话。
2. 教师可以通过自己扮演学生与AI"苏格拉底"对话，学习它的引导思维，并将其作为备课时用的一种方法，预测学生可能存在的疑问，且做好苏格拉底对话的准备。

2.2 辩论比赛：提升学生的表达能力和批判性思维能力

辩论，这种古老而充满活力的学习活动，不仅是锻炼学生综合运用知识、进行深度思考的有效途径，而且是提升学生表达能力和批判性思维能力的有效方法。

AI，拥有庞大的知识库和快速的响应能力，可以被视为一个理想的辩论伙伴或对手。它不仅能够提供丰富的论据和观点，还能够在辩论过程中迅速地进行逻辑推理和论证。教师可以巧妙地利用 AI 的这一优势，设计富有挑战性的辩论题目，让学生与 AI 进行辩论。这样的安排不仅能够使辩论双方的实力更加均衡，还能让学生体验到与"非人类"对手展开辩论的独特乐趣。

1. 让 AI 提供辩题

如果教师想组织辩论活动，可以借助 AI 来准备辩题。只需要给 AI 指定角色、指定辩题范围、提出任务要求即可。

> **提示词**
>
> 【角色】你是一位资深的高中语文教师，在准备教授《祥林嫂》一课（辩题范围）。
> 【任务】如果你想就这一课的内容组织一场辩论赛，那么你建议的辩论主题都有哪些，请提供 3 个。

> **AI 执行结果**
>
> 祥林嫂是鲁迅的短篇小说《祝福》中的人物。祥林嫂的悲惨命运，深刻揭示了封建社会的黑暗和人性的扭曲。以下是 3 个围绕《祥林嫂》一课

内容的辩论主题建议。

辩题 1. 到底是封建礼教还是个人选择才是祥林嫂悲剧的根源？

- 正方：封建礼教是祥林嫂悲剧的根源。
- 反方：个人选择是祥林嫂悲剧的根源。

辩题 2. 鲁四老爷是不是杀死祥林嫂的主要凶手？

- 正方：鲁四老爷是杀死祥林嫂的主要凶手。
- 反方：鲁四老爷不是杀死祥林嫂的主要凶手。

辩题 3. 祥林嫂的抗争到底体现了什么？

- 正方：祥林嫂的抗争体现了个人的坚强。
- 反方：祥林嫂的抗争在社会面前显得无力。

教师可以从 AI 提供的辩题中选择一个或多个组织学生之间或者组织学生与 AI 进行辩论。

2. 学生与 AI 辩论

组织学生与 AI 辩论可参照以下流程。

第一步，分配正反方，设置辩论规则。

教师根据具体教学情境决定是由单个学生与 AI 进行一对一辩论，还是由学生小组与 AI 辩论，或是全体学生共同与 AI 辩论。

如果采取学生小组与 AI 辩论的形式，将班级分为 5 个组，那么可以采取的辩论发言顺序如下：

小组 1、AI、小组 2、AI、小组 3、AI、小组 4、AI、小组 5、AI、小组 1、AI、小组 2、AI、小组 3、AI、小组 4、AI、小组 5……

也就是，所有小组都代表辩论的一方（比如正方），AI 代表另一方（比如反方），轮流发言，进行多轮辩论。值得强调的是，为了保证全体参与，教师可让小组先内部讨论为辩论做准备，在正式辩论时随机选择一名小组成员作为代表进行发言。

如果采取全体学生与 AI 辩论的形式，那么教师要在班内随机选择一名学生作为代表参与辩论。这样可以调动学生的积极性。

第二步，给 AI 指定角色，发布辩论任务。

通过提示词让 AI 了解辩题、明确辩论角色以及任务。

注意： 赋予 AI 一个与学生相似的人物角色，以确保辩论可以在相近的认知水平上进行，避免认知差距过大而影响辩论效果。同时需要为 AI 设定一种或多种参与辩论的发言模式，以更好地促进 AI 参与辩论的深度。

> 提示词
>
> 【角色】你是一位优秀的高中生，正在学习《祥林嫂》一课。
>
> 【任务】现在你要参加一场关于"到底是封建礼教还是个人选择才是祥林嫂悲剧的根源"的辩论赛，你是反方，观点是"个人选择是祥林嫂悲剧的根源"。
>
> 【任务要求】一会儿我会先代表正方发言，之后你就代表反方发言，如此循环，直到我说结束为止。注意，你需按照"反驳 + 观点 + 论据"的模式进行发言。（说明辩论规则。）
>
> 【确认理解】以上内容你是否理解？请解释。无须开始辩论。（判断 AI 是否理解辩论任务。）

AI 执行结果

我完全理解了您的要求。在这场模拟辩论中,我的角色是一位优秀的初中生,同时也是辩论赛中的反方辩手,持有的立场是"个人选择是祥林嫂悲剧的根源"。辩论的规则是,您作为正方先发言,然后我会按照"反驳＋观点＋论据"的模式进行反方发言,我们轮流发言,直到您决定结束。现在,我等待您开始正方发言,以便我们开始辩论。

教师需要根据 AI 的回答来判断它对自身辩论角色、辩论规则等的认识是否正确,如果正确就继续下一步,否则通过对话给予修正。

第三步,选择学生发言,开启辩论。
教师可通过学生语音输入,AI 文字和 AI 语音同时输出的方式进行辩论发言。以下是辩论案例节选。

提示词(正方)

祥林嫂的悲剧深深植根于封建礼教的社会背景之中。封建礼教对于女性的束缚和压迫,使得祥林嫂在面对人生困境时无法摆脱其桎梏……

AI 执行结果(反方)

虽然封建礼教是祥林嫂悲剧的土壤,但她的个人选择也在一定程度上加剧了她的苦难。在面对困境时……

提示词(正方)

在封建礼教的社会背景下,女性的地位和权利被极度削弱,她们往往无法做出真正的个人选择……

> **AI 执行结果（反方）**
>
> 然而，我们也不能忽视个人选择在祥林嫂悲剧中的影响。在同样的社会背景下，不同的人可能会做出不同的选择……

在与 AI 辩论的过程中，教师会发现学生参与的积极性很高，还常会出现学生相互补充观点、提供论据与 AI 进行辩论的场面。在辩论过程中，教师可以充当主持人和裁判的角色，确保辩论有序进行，并在必要时为学生提供指导和帮助。

3. 让 AI 做结辩陈词

如果教师组织学生与 AI 进行辩论，还可以让 AI 做结辩陈词。

此时需要在提示词中说明结辩任务以及结辩陈词的叙述规则，这有助于 AI 用足够的辩论技巧来进行结辩。

注意： 因为 AI 有可能"遗忘"之前辩论的发言，所以要提醒 AI 回顾辩论内容，这有助于 AI 保持"记忆"的连贯，减少错误。

> **提示词**
>
> 【任务】现在我们暂停辩论，转移到结辩环节。（转换辩论流程。）
>
> 【任务要求】
>
> 1. 当我说"开始结辩"，你就要回顾我们全部的辩论内容，然后进行结辩陈词。
>
> 2. 结辩陈词的表达结构：重申观点 + 反驳对方 + 论证分析 + 呼吁行动 + 结尾陈述。其中结尾陈述应包含金句，以提升听众体验、打造记忆点。
>
> 【确认理解】以上内容你理解了吗？请解释。无须开始结辩。

AI 执行结果

我理解了您的指示。在辩论的结辩环节,我将根据我们之前的辩论内容进行结辩陈词。结辩陈词包括以下 5 个部分。

1. **重申观点**:我会明确地再次表达反方的主要观点,即个人选择是祥林嫂悲剧的根源。
2. **反驳对方**:我会指出正方在辩论中可能存在的逻辑漏洞或论据不足的地方。
3. **论证分析**:我会进一步分析和论证反方观点的合理性,提供更深层次的思考。
4. **呼吁行动**:我会提出一些行动上的建议或思考,以引发听众的共鸣或引导其行动。
5. **结尾陈述**:我会用一句金句作为结尾,以提升听众体验,并打造一个记忆点。

当您说"开始结辩"时,我将按照这个结构进行结辩陈词。现在我等待您的指令来开始结辩环节。

教师根据 AI 的回答来判断它对做结辩陈词的时机、要求等的认识是否正确,如果正确则继续,否则通过对话给予修正。

提示词

开始结辩。

AI 执行结果

尊敬的评委、各位听众,我们反方始终认为,祥林嫂的悲剧在很大程度上源于她的个人选择。在封建礼教的枷锁下,她未能展现出足够的决断力和反抗精神，从而未能改变自己的命运。

祥林嫂的悲剧不仅是封建礼教的产物，更是她个人选择的结果……

我们今天在这里辩论，不仅是为了探讨一部文学作品中的人物……

最后，我想用一句话来结束我的结辩……

以上是我的结辩陈词，谢谢大家。

如果教师没有组织学生与 AI 辩论，而是学生之间进行辩论，则可以通过讯飞语记等 App 将语音转为文字，再发送给 AI，让 AI 生成结辩陈词。不过，学生不能直接使用 AI 生成的结辩陈词，而是需要在评估 AI 所生成的结辩陈词后对其进行修正。

> **提示词**
>
> 【角色】你是高中辩论队的四辩，曾经多次获得辩论比赛的最佳辩手。
>
> 【技能】你善于做晓之以理动之以情的结辩陈词，善于捕捉对方在辩论中的漏洞。
>
> 【任务】请根据我上传的辩论稿，为正方做结辩陈词。
>
> 【任务要求】
>
> 1. 结辩陈词不超过 500 字。
> 2. 结辩陈词的表达结构：重申观点 + 反驳对方 + 论证分析 + 呼吁行动 + 结尾陈述。其中结尾陈述应包含金句，以提升听众体验、打造记忆点。

4. AI 辅助复盘辩论过程

学习活动本身不是目的，而是手段。教师一定要在辩论活动之后组织学生复盘与反思，以提升学生的辩论技巧、加深学生对所学知识的理解。如果 AI 是辩论中的一方，那么 AI 的复盘与反思可以给学生提供不同的认识视角。如果 AI 没有参与辩论，也可让 AI 辅助复盘辩论过程，帮助学生进行辩论后的反思。

> 提示词
>
> 现在我们的辩论已经结束，我们需要复盘整个辩论过程，并分别从做得好的与有待改进的两个方面反思辩论技巧及对知识的理解。请解释你的理解，无须开始你的反思。

AI 执行结果

我理解您的要求。

首先，我会对整个辩论过程进行回顾，分析双方观点的交锋、论据的使用、反驳策略的使用等各个环节。这个过程将帮助我清晰地理解辩论的流程和进展。

接着，我会从做得好的方面反思我们的辩论技巧。这包括但不限于：我们是否有效地传达了自己的观点？是否使用了恰当的论据来支持我们的观点？是否成功地反驳了对方的观点？是否在辩论中保持了冷静和理智？这些反思将帮助我认识我们在辩论中的优点和长处。

然后，我会从有待改进的方面反思我们的辩论技巧……

最后，我将从对知识的理解方面进行反思……

通过 AI 的回答，我们能够发现，通过这样一个让 AI 重复确认、展现理解的过程，能够促进 AI 对复盘和反思的理解。教师与 AI 的对话过程，其实也是训练 AI 的过程。

> 【提示词】
> 请结合你的理解，开始复盘与反思。

【AI 执行结果】

一、反思辩论技巧

1. 做得好的地方

o 观点明确：双方都能够清晰地阐述自己的观点……

o 论据充分：双方都准备了丰富的论据来支撑自己的观点……

2. 有待改进的地方

o 深度挖掘：在论述过程中，我们可以更加深入地挖掘……

o 情感表达：在辩论中，我们可以更加注重情感表达……

二、反思对知识的理解

通过本次辩论，我更加深入地理解了封建礼教对个人命运的影响……

如果 AI 没有参与辩论过程，同样可以通过讯飞语记 App 将辩论过程转换为文字稿后发送给 AI，让 AI 辅助进行复盘与反思，具体对话如下。

> 【提示词】
> 【角色】你是一位资深的高中语文教师，同时常年兼任辩论赛的评委。
> 【技能】你熟知高中语文知识及相关拓展知识，熟知辩论技巧，有很强的判断能力和评估能力。
> 【任务】请根据我所提供的"辩论实录"分别说明正反双方在辩论技巧及对知识的理解上的表现。
> 【任务流程】
> **1.** 学习"辩论实录"。

2. 说明正方辩论技巧的优点和不足，给出改进建议，并根据正方对知识的理解程度提出改进建议。

3. 说明反方辩论技巧的优点和不足，给出改进建议，并根据反方对知识的理解程度提出改进建议。

总体而言，无论 AI 参与辩论活动的哪个环节，都能为辩论教学提供新的视角和方法，使得这种传统活动更加生动和高效。同时，对学生而言，AI 这种虚拟的参与者也能帮助他们在知识整合、高阶思考和语言表达上得到锻炼。

 学生在准备辩论的过程中，也可以使用 AI。

1. 辩论准备：学生可利用 AI 探究辩论主题的背景资料、论据和反面论据，帮助自己构建论点，快速找到相关信息和数据。

2. 辩论技巧学习：学生可借助 AI 提前模拟辩论，练习辩论技巧，例如论点构建、反驳策略的使用等。

3. 辩论自我评估：学生可以让 AI 对模拟辩论内容进行深入分析，以评估自己的辩论表现，包括语言组织、逻辑推理和说服力等方面，同时让 AI 找出自己在辩论中做得好的方面和需要改进的方面。

2.3 学生总是学不会？用教学清单因材施教

有一次，我与某高中的数学老师进行座谈，了解他们在教学中遇到的困难。一位老师说："我们有些学生，连通分都不会。"我当时好奇地反问了一句："当发现学生不会通分的时候，您做了些什么？"这位老师摇了摇头，似乎表示没有比较好的方法。于是我问："如果我有一个方法，您是否愿意试一试？"她点点头。

我随后画了一张"通分"学习清单，具体如表 2-1 所示。看完这张学习清单，她豁然开朗。

表 2-1 "通分"学习清单

步骤	示范	练习1	练习2	练习3
1. 确定分数的分母是什么，写在演草纸上	$\frac{1}{3}$ 和 $\frac{1}{6}$ 的分母分别是 3 和 6			
2. 计算分母的最小公倍数，写在演草纸上	3 和 6 的最小公倍数为 6			
3. 分母乘以几等于最小公倍数，分子也乘以几	$\frac{1}{3}$ 的分母乘以 2 等于最小公倍数 6，分子也乘以 2，即 $\frac{2}{6}$			
4. 写出新的分数	$\frac{2}{6} + \frac{1}{6}$			
5. 计算新的分数	$\frac{3}{6}$			
6. 分数化简	$\frac{1}{2}$			

如果某个学生在计算通分时有困难，教师可以把清单提供给他，并对他说："我发现你做通分题的正确率不高（或解题比较慢），建议你做一些练习。你可以尝试根据这份清单提供的解题步骤和示范来练习解题。每次解题时，照着清单上的步骤读一步、做一步，并在步骤右侧对应的框内画√。每天抽出时间按照清单上的步骤做 3 道题，我相信你做通分题的正确率会提高的。"

这样做，既告知了学生需要练习通分的理由（提高正确率），又提供了辅导学生练习的方法（清单策略），同时提供了练习的素材及题量（3道题）。我想，通过这样的做法，学生也愿意自主寻找时间做练习，提高自己的通分能力。

这样做，教师不必花费太多的时间和精力对学生进行一对一的辅导，而是以清单的方式让每个学生都可以自我辅导。这就是清单式的因材施教。

在实际的教学过程中教师会发现，其实学生不会通分的原因也五花八门，有的学生不会化简分数，有的学生不会计算最小公倍数……其实，教师可以生成一系列的学习清单，让学生根据自己遇到的困难选择使用一张或多张清单进行自我辅导。最好的因材施教是"学生因自己的材，根据教师所提供的方式，对自己施加教育"。

如果学生在学习分数化简，教师就可以提供"分数化简"学习清单，如表 2-2 所示。

表 2-2　"分数化简"学习清单

步骤	示范	练习1	练习2	练习3
1. 清晰地写出要化简的分数，确定分子和分母	$\frac{12}{18}$ 的分子和分母分别为 12 和 18			
2. 计算分子和分母的最大公约数	12 和 18 的最大公约数是 6			
3. 约分：将分子和分母同时除以最大公约数	12 和 18 都除以 6			
4. 得出化简之后的分数	$\frac{2}{3}$			
5. 检查结果：确定化简后的分数的分子和分母没有其他的公约数（除了1）	$\frac{2}{3}$			

如果学生在计算分子和分母的最大公约数时遇到困难，教师可以提供"计算分子和分母最大公约数"学习清单，如表 2-3 所示。

表 2-3 "计算分子和分母最大公约数"学习清单

步骤	示范	练习1	练习2	练习3
1. 分解质因数：把分子和分母都分解成质数相乘的形式	12 可以分解成 2×2×3 18 可以分解成 2×3×3			
2. 找出共有的质因数：看看分解后的质因数里有哪些是这两个数都有的	12 和 18 都有一个 2 和一个 3 作为质因数			
3. 计算最大公约数：把共有的质因数乘起来，得到的结果就是这两个数的最大公约数	2×3=6。6 就是分子 12 和分母 16 的最大公约数			

相信很多教师已经看出来了，表 2-1、表 2-2、表 2-3 共同组成了一个系列学习清单，可以用来解决学生与"通分"相关的数学问题。设置系列学习清单至少有两个好处，一是在讲解新知识时可为学生提供学习支架，二是为因材施教提供辅导支架。

如果教师不知道如何设计学习清单，可以给 AI 指定角色、任务和要求，让它辅助我们设计。

1. AI 生成语文清单

提示词

【角色】你是一位资深的小学语文教师。

【技能】你擅长将复杂的学习任务拆解成学生可执行的步骤，擅长用学生能听懂的语言来解释每个步骤。

【任务】请根据"学习清单样例"，设计一份"反问句变陈述句"学习清单。

【工作流程】

1. 学习我上传的"学习清单样例"。
2. 根据"学习清单样例"设计"反问句变陈述句"学习清单，学习清单为表格形式。

（备注：扫描下方二维码，回复"学习清单样例"即可获得"学习清单样例"，请将其上传给AI）

AI 执行结果

"反问句变陈述句" 学习清单

步骤	示范	练习1	练习2	练习3
1. 确定反问句的意思。明确反问句表达的是肯定还是否定的意思	难道你不知道答案吗？（表达肯定的意思）			
2. 去掉反问词，如"难道""岂""岂能""怎么""非得""不是""为什么""凭什么""何必""怎能""怎么能""怎么会"等	你不知道答案吗？			
3. 去掉反问语气词，如"么""呢""了""吗"等	你不知道答案？			
4. 调整标点符号，把问号改变为句号	你不知道答案。			
5. 肯定变否定，否定变肯定	你知道答案。			
6. 检查句意：阅读转换后的句子，确保它表达的意思与原反问句相同，但语气更为平和、直接				

2. AI 生成英语清单

以高中英语知识"将含有状语成分的正常语序的句子改写成'only+状语部分'为句首的倒装句"为例，稍微修改一下提示词，AI 也可以辅助生成学习清单。

> **提示词**
>
> 【角色】你是一位资深的高中英语教师。
>
> 【技能】你擅长将复杂的学习任务拆解成学生可执行的步骤,擅长用学生能听懂的语言来解释每个步骤。
>
> 【任务】请根据"学习清单样例",设计一份"将含有状语成分的正常语序的句子改写成'only+ 状语部分'为句首的倒装句"学习清单。
>
> 【工作流程】
>
> 1. 学习我上传的"学习清单样例"。
> 2. 根据"学习清单样例"设计"将含有状语成分的正常语序的句子改写成'only+ 状语部分'为句首的倒装句"学习清单,学习清单为表格形式。

小贴士

1. 在 AI 生成清单以后,如果担心学生看不懂清单,可以先让 AI 扮演一个"看不懂"的学生,提出哪里看不懂,教师再据此调整清单。

2. 教师要教会学生在学习遇到困难时,主动找老师要对应的清单或者利用 AI 自己生成清单,并利用清单学习直至掌握。

3. 学生可以将学习清单作为自我检测的工具,以确定自己在完成任务的哪一步遇到困难,需要教师进一步的帮助。这是一种让学生主动汇报学情的有效方法。

2.4 担心学生依赖 AI？9 招调整学生使用 AI 的节奏

很多教师反对学生使用 AI，这不是对现代科技的排斥，而是源自对教育本质的重视与对学生成长路径的考量。教师担心学生过度依赖 AI 获取答案，可能会只停留在知识的表面，从而导致学习浅层化；担心学生在面对实际问题时，往往会表现出更弱的独立思考和解决问题的能力；担心学生直接复制粘贴 AI 生成的答案，严重损害学术诚信；担心学生会错失那些通过自己努力获得宝贵经验和深刻理解的机会……

其实，这些担心可以通过控制 AI 使用的节奏，让学生学会在适宜的场合以适当的方式使用 AI 来得以纾解。以下是一些应用案例。

1. 重构教学流程

以 H 老师教授"探究式学习模式"为例，H 老师原有的教学流程如图 2-1 所示，具体步骤如下。

（1）从理论上学习探究式学习模式。

（2）学生设计探究式学习情境和任务，教师组织点评活动，学生根据评价进行修正。

（3）学生设计探究式学习评价量规，教师组织点评活动，学生根据评价进行修正。

（4）学生设计探究式学习过程，教师组织点评活动，学生根据评价进行修正。

（5）学生设计探究式学习支架，教师组织点评活动，学生根据评价进行修正。

（6）教师组织对学生的整个探究式学习设计进行点评。

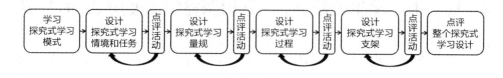

图 2-1

在教授的过程中，H 老师发现，很多学生会直接让 AI 辅助生成探究式学习的情境、任务、量规等。看起来，学生似乎总能很快地完成任务，但是在学生参与评价的过程中，教师发现学生所表现出来的对内容的理解深度不足。于是，他重新审视：在 AI 能够便捷辅助生成探究式学习设计的情况下，学生需掌握的关键技能到底是什么？他得出的结论是：评价能力！学生需能够辨别探究式学习模式的质量，这有助于他们分析并改进 AI 所辅助生成的探究式学习设计。

于是，H 老师对教学模式进行了改进，改进后的教学流程如图 2-2 所示，具体步骤如下。

（1）从理论上学习探究式学习模式。

（2）学习探究式学习设计示例和评价量规。

（3）结合评价量规对给定的示例进行评价并提出改进策略。

（4）学生设计完整的探究式学习。

（5）学生向 AI 提问，借助 AI 优化自己设计的探究式学习设计。

（6）教师组织对学生的整个探究式学习设计进行点评。

图 2-2

对比前后两种教学流程，H 老师发现：原有教学流程中，AI 过早地被应用到学生的设计过程，而改良后的教学流程限定了使用 AI 的时机和方法，以确保 AI 的运用能最大化地促进学生的学习和成长，而不是成为他们学习旅程中的阻碍。

首先，H 老师采取了一种前瞻性的教学策略，先引导学生深入理解评价量规。这一步骤至关重要，因为它不仅为学生提供了一个清晰、可量化的评价标准，还培养了他们的批判性思维和自我评估能力。通过亲身体验基于量规的评价过程，学生学会了如何审视探究式学习设计示例，识别其中的优点与不足，为接下来的设计活动奠定了坚实的基础。

其次，在设计活动正式开始后，H 老师让 AI 以一种更加智慧和辅助性的角色介入。学生在创作过程中，可以利用基于量规的 AI 对话来优化自己的设计。这种"按需、对标"的 AI 介入模式，既保证了学生的主体地位和创作自由，又充分发挥了 AI 的优势。

2. 改良课堂辩论赛

以 Z 老师组织英语课堂辩论赛为例，原有的教学流程如图 2-3 所示，具体步骤如下。

（1）课前：教师布置辩论任务，每个学生课前准备辩论稿（借助 AI）；学生先小组内部讨论，然后形成小组辩论稿。

（2）课中：小组间根据课前准备进行辩论，教师进行点评。

（3）课后：学生进行反思和反馈。

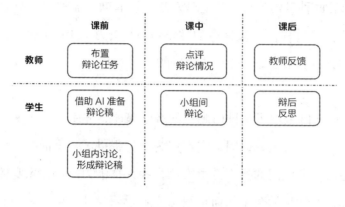

图 2-3

其实，在 AI 技术刚开始进入日常教学时，Z 老师对 AI 持反对态度，一是因为她对 AI 生成内容的质量持怀疑态度，二是认为 AI 的运用会促发学生"作弊"。但是，她发现无法阻挡学生使用 AI 的步伐，而且很多学生与其说是借助 AI 准备辩论稿，不如说是委托 AI 生成辩论稿。于是，Z 老师重新设计了课堂辩论赛的流程，如图 2-4 所示。

（1）课前：教师布置辩论任务，每个学生课前准备辩论稿（可借助 AI）；学生小组内部讨论，然后形成小组辩论稿。

（2）课中：①教师为学生提供 RASSO 模型[3]，让学生基于该模型使用 AI 对辩论稿进行修正；②小组内部分享修正的过程；③每个小组分别与 AI 模拟辩论；④小组之间辩论。

（3）课后：学生总结让 AI 辅助生成辩论稿、让 AI 参与模拟辩论的提示词及注意事项。

---

[3] RASSO 模型：R（relevance）指关联，辩论时抓住要点，不转移话题；A（accuracy）指精准，辩论时准确表达观点，避免歪曲或扭曲；S（support）指支持，辩论时使用相关证据和推理，且证据应该可靠；S（strength）指说服力，辩论语言需具有说服力，并提供可行的替代方案；O（organization）指组织，辩论内容清晰、结构化。

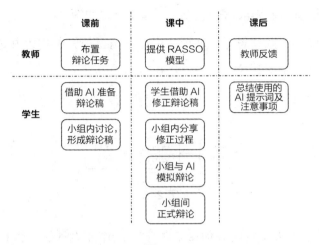

图 2-4

对比 Z 老师前后两种教学流程发现：当 AI 的浪潮来临时，与其躲避，不如拥抱。Z 老师通过调整教学流程，让学生使用 AI 的节奏变得张弛有度，同时在教学中还教会学生正确使用 AI 的方法。

首先，课前 Z 老师先让学生自行借助 AI 准备辩论稿，在课中又让学生基于 RASSO 模型使用 AI 修正辩论稿，让学生通过对比体验到将结构化模型与 AI 结合运用的优势。此时，Z 老师已经将使用 AI 的技巧融入了课程内容。

其次，Z 老师先让学生与 AI 模拟辩论，再让学生正式辩论。AI 作为虚拟练习助手出现，学生先通过练习夯实辩论基础，再面对真实情境的挑战。这是一种智慧地使用 AI 的方式，同时也会吸引学生积极参与。

最后，Z 老师让学生总结与 AI 对话使用的提示词及注意事项，更是要教会学生使用 AI，而非被 AI 左右。

3. 优化配对讨论流程

S 老师是"配对讨论"策略的忠实使用者。每次当在课堂上组织讨论时，总会按照结构化的流程组织配对讨论，具体流程如图 2-5 所示。

（1）鼓励学生独立思考（从记忆中检索自己所知的内容并进行思考）。

（2）让学生结对讨论。

（3）与全班同学分享。

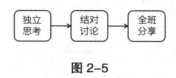

图 2-5

S 老师读了《人工智能如何影响教学：从作业设计、个性化学习到创新评价方法》之后，决定把 AI 引入配对讨论，她将配对讨论流程进行了调整，具体流程如图 2-6 所示。

（1）鼓励学生独立思考（从记忆中检索自己所知的内容并进行思考）。

（2）让学生结对讨论。

（3）分小组利用 AI 进行搜索和问答。

（4）学生小组再次结对讨论新发现的问题，对比前后差异。

（5）与全班同学分享。

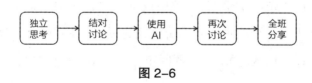

图 2-6

S 老师"配对讨论"流程的变化来源于 AI 的轻度使用，学生先不借助 AI 讨论，然后再借助 AI 挖掘新信息，并基于此进行讨论。这样使用 AI 不仅没有影响学生的学习过程，反而使学生的思考、思辨过程更加深入。

4. 把"AI 搜索"转换为"AI 评估"

面对很多学生习惯地把 AI 作为一种搜索工具使用的现象，C 老师设计了对 AI 的预测或评估活动，力图让 AI 成为辅助学生思考的工具。具体组织流程如下。

（1）教师提出一个问题。

（2）让学生预测 AI 会给出怎样的回答、提供何种支持证据、会把什么排除在外、会按照怎样的逻辑或顺序给出答案。

（3）向提问 AI，收集 AI 的回答。

（4）让学生将自己的预测与 AI 的回答进行对比，发现自己或 AI 的漏洞，讨论如何修正或让 AI 进行修正。

这个活动，一方面能帮助学生用正确的方法使用 AI，另一方面也可以鼓励学生进行批判性思考。

在教学生写作文时，C 老师也将评估 AI 生成内容的环节融入进来，引导学生思考，具体步骤如下。

（1）教师布置任务，让学生写一篇习作。

（2）将学生写的习作发给 AI，让它对习作进行改编。

（3）学生观察 AI 改编后的习作，评估并反思"这样修改是让习作变得更出彩还是更逊色"。

（4）学生根据第三步的反思自己修正习作。

这种轻度使用 AI、学生深度参与的学习方式，能够帮助学生发现：真正让习作变得出彩的，是作者的思考深度、情感投入以及语言的驾驭能力。

5. AI 绘画助力学生精准表达

K 老师在教授《蒹葭》这一古典诗词名篇时,为了引领学生感受其独特的画面美与意境美,通常采取如下的教学流程。

(1)播放带有配乐的朗读音频,学生自由想象诗歌中的画面。

(2)教师选择一两位学生描绘自己想象的画面。学生围绕有什么景物,有什么人物,他们的衣着打扮、各自的活动等问题来回答。这样的教学流程激发了学生的想象力与表达能力。

(3)教师总结。

这种设计常常只能让少部分同学参与思考,大部分同学没有参与进来,同学回答问题的积极性也不高。

K 老师尝试将 AI 的绘画功能引入课堂,让学生把想到画面用 AI 生成出来,把《蒹葭》一诗的画面美和意境美形象化、具体化。其组织流程如下。

(1)教师布置 AI 绘画任务——让学生借助 AI 来为《蒹葭》第一章的内容配图。

(2)学生分小组共同构思并撰写 AI 提示词,以这些创意词汇为引,让 AI 生成独一无二的配图。这一过程不仅考验了学生对诗歌意象的精准把握,还为小组合作共创提供了契机。

(3)小组内进行评估,学生们从 0 到 10 为配图打分,并讨论如何通过调整提示词来优化配图。这一过程有助于提升学生的批判性思考能力与自我反思能力。

(4)修改提示词,让 AI 再次生成更为贴切的配图,并在小组间展示交流。这一过程进一步加深了学生对诗歌意境的理解。

(5)教师总结。

与传统教学设计环节相比,加入 AI 生成配图的设计,激发了学生的学习兴趣，学生的参与度很高，都很好奇 AI 能生成什么样的配图，调动了学生分析诗歌的意愿和兴趣。而且，当学生能够根据 AI 绘图来反思自己对《蒹葭》意象的理解时，就已经开始抓住了学习的重点，有了自己对诗歌的感受，也学会了运用 AI 来辅助自己探索和理解课文。

6. AI 配合学生设计学习情境

L 老师在教授学生分数的加减法时，发现常见的分蛋糕、零花钱管理、厨房小助手等情境都距离学生的实际生活比较远。L 老师是一位新入职的教师，也想不到真实、有效的情境，于是她想到求助 AI。

第一步，让 AI 设计 10 种分数加减法运用的情境。这些情境涉及生活的多个方面，从厨房里的食材配比到科学实验的数据记录，再到游戏竞赛的积分统计。AI 设计的情境如此丰富多样，尽管学生感觉其中有些情景距离自己的生活比较远，但是他们仍不禁发出一丝感叹。

第二步，赋予学生选择权。学生为 AI 所设计的情境投票，最终共同决定最吸引他们的三个情境。这一过程极大地激发了学生的参与热情，学生自然而然地开启了分数加减法的学习之旅。

以下是 L 老师根据学生们选择的学习情境所组织的学习活动流程。

（1）用问卷星收集数据，例如可以这样说"咱们班要开家长会了，我们来匿名投票，你们是想让爸爸来参加呢，还是想让妈妈来参加呢？"

（2）教授学生分数计算，例如可以这样说"妈妈的支持率是 2/3，爸爸的支持率是 1/4。天啊，妈妈的支持率比爸爸的高多少？"

（3）表达需求，例如可以这样说"爸爸们做什么改变，他们的支持率会提高呢？"

7. 让学生帮助犯错的 AI

D 老师在使用 AI 的过程中发现 AI 常常会做错数学题。她巧妙地利用 AI 的"不完美"特性，设计了一种全新的互动式学习方法——让学生帮助犯错的 AI，为学生搭建一个既富有挑战性又极具趣味性的学习场景。

第一步，让 AI 展现出在数学题解答上的"笨拙"，犯一些典型的错误。

第二步，教师引导学生为 AI 纠正错误，并说明正确的解题路径。

D 老师发现学生常争先恐后地站出来，以"小老师"的姿态耐心指正，帮助 AI 纠正错误。AI 也由此变成了班里的隐形同学，有同学给它起了一个亲切的名字，叫"小艾"。

这样的设计，一方面打破了学生对 AI 无所不能的固有印象，激发了学生的审辩式思维，使他们保持对 AI 应用的审慎态度；另一方面，也为课堂增添了轻松愉快的氛围，让学生更愿意参与其中，共同思考并解决问题。更重要的是，这样的设计营造了班级的容错氛围，学生学会了将"错误"视为成长的契机。

8. 通过 AI 反馈促进学习改进

斯塔夫罗斯精心设计了英语写作课程，将学习过程分为三个相互衔接的阶段，旨在通过结构化的方法提升学生的写作技能和语言运用能力。

第一阶段，基础写作与 AI 辅助校正。

在这一阶段，学生要用英语撰写主题作文，表达自己的观点和想法。教师利用 AI 来辅助学生，重点订正作文中的词汇和语法错误。AI 的即时反馈让学生能够迅速认识到自己的不足，并在写作过程中不断改进。这一阶段的目的是确保学生能够掌握英语写作的基本规则和结构，为后续的深入学习打下坚实的基础。

第二阶段，深入分析与反思学习。

进入第二阶段，学生的任务转变为对比、分析 AI 的修订内容。他们需要研究 AI 的每项建议，理解其背后的语言逻辑和使用场景。通过小组讨论和个人反思，学生将评估 AI 建议的合理性，探讨不同表达方式的优劣。这一过程不仅帮助学生认识到语言的多样性和复杂性，而且促使他们总结更正确、得体的表达方式，从而提升他们的表达能力。

第三阶段，应用与创新写作。

在掌握了新的表达方式后，学生将进入第三阶段，再次撰写类似主题的作文。这一次，他们需要运用上一阶段学到的知识，尝试将新的语言表达融入自己的写作中。这一阶段的重点是培养学生的创新思维和应用能力，鼓励他们将理论与实践相结合，创作更加丰富、有深度的作文。

总体而言，通过批判性的反思 AI 给出的写作建议，学生在互动中不仅学会了正确、得体的语言表达，而且促进了自身认知能力的发展。这种反思性学习有助于学生建立批判性思维，学会从不同角度审视问题，并提高他们解决问题的能力。同时，学生在这一过程中内化了语言运用技能，这些技能将在他们的语言学习旅程中产生长远的影响。

9. 将 AI 使用过程纳入作业范围

随着 AI 音乐的兴起，T 老师布置了借助 AI[4] 编曲的作业，要求学生自行设置提示词并与 AI 进行对话，对话轮次不少于三轮，具体流程如下。

第一轮：学生确定音乐风格或主题，如"古典音乐风格"，然后与 AI 进行第一轮对话，得到初步的编曲结果。

第二轮：学生需要根据 AI 提供的编曲结果进行思考，需要做哪些调整，然后设置新的提示词，如"更加激昂的高潮部分"，与 AI 进行第二轮对话。

第三轮：学生可能会发现编曲中的某些部分需要更多的细节或变化，此时可以设置更具体的提示词，如"增加一段小提琴独奏"，来进行第三轮对话。

同时，T 老师规定了学生提交编曲作业的内容，具体包括：

（1）三轮编曲的音频文件或乐谱文件；

（2）与 AI 对话的详细记录，包括每轮对话的提示词和 AI 的回答。

（3）每轮编曲后的反思报告，说明哪些地方满意，哪些地方需要改进，以及 AI 给出的哪些建议对自己特别有启发性。

---

4 如 Suno AI、天工 AI 等。

这样，AI 作为一个工具辅助学生对编曲进行改进，而不是替代学生进行创作。学生通过与 AI 对话，可以学到如何通过音乐更好地表达自己的想法，同时也能够从 AI 生成的音乐中获得灵感和新的思路。

1. 课堂是示范何时使用、如何使用 AI 的场景。教师需让学生现场观察与体验适时、适度地使用 AI。
2. 教师在把控 AI 使用节奏时可能会犯错，但犯错是学习的契机。不要因为害怕错误使用 AI 而拒绝使用 AI。

第 3 章
学习评估

3.1 单选题：两步生成高质量选项

单选题作为评估题型之一，常常被认为是比较简单的，因为它的答题方式直接明了，学生只需在几个选项中选择一个正确答案即可。这种题型虽然在形式上显得简单，但在设计上却需要精心策划，以确保其能够准确评估学生对知识的理解和掌握程度。

首先，单选题的设计需要确保每个干扰选项都具有一定的迷惑性，避免学生仅凭直觉或猜测就能轻易得出正确答案。这要求选项之间既要有逻辑上的联系，又要有明显的区别。干扰选项常常看似合理、实际错误，这样才能评估学生对知识点的理解和分析能力。

其次，单选题的题目应该涵盖课程的关键概念或原理，通过不同的问题设置，全面考查学生对知识点的掌握情况。同时，题目的难度应该与课程进度和学生的学习水平匹配，既不能过于简单，也不能超出学生的理解范围。

符合以上设计要求的单选题，被称为关键问题。它们不仅能够引导学生深入思考，还能够有效地考查学生对知识点掌握的深度和广度。

关键问题的设计，往往需要教师具备深厚的专业知识和对课程内容的精准把握。利用 AI 辅助设计关键问题，可以极大地提高效率和题目质量，也可针对不同学生的学业情况设计个性化的单选题，以满足不同学生的学习需求。

1. 让 AI 学习，生成单选题

下面介绍使用 AI 辅助设计关键问题的过程。

第一步，让 AI 学习何为关键问题。

为 AI 提供关键问题样例，样例应包含考核目标、考核题目以及答案解析（包括正确选项、干扰选项，并简述每个选项所反映的学生学情）。通过提供样例，可以让 AI 学习并从中提取设计规则和模式，进而生成新的关键问题。

> **提示词**
>
> 【角色】你是一位资深教师。
>
> 【任务】请你学习我提供的【关键问题样例】，并解析关键问题设计规则。
>
> 【关键问题样例】
>
> **1.** 考核目标：判断学生是否能运用四则运算规律正确解题。
>
> **2.** 考核题目如下。
>
> 请选择这道题的正确答案：（4+2×3）+（7-2+1）=？
>
> A. 16　　B. 24　　C. 14　　D. 22
>
> **3.** 答案解析如下。
>
> A. 16（正确答案：如果选择此选项，基本可以证明学生掌握了四则运算规则，为了避免学生碰巧选择正确，教师可以让学生简述/写出计算过程。）
>
> B. 24（干扰选项：这说明学生从左往右依次计算，也就是在左边的括号中先计算了 4+2。）
>
> C. 14（干扰选项：这说明学生认为总是先计算加法，再计算减法，也就是在右边的括号中先计算了 2+1。）
>
> D. 22（干扰选项：这说明学生犯了 B 和 C 中的两种错误。）

AI 执行结果

作为一位资深教师，学习并解析关键问题的设计规则是一项重要的任务。通过上述样例，我可以提炼出以下设计规则。

1. 明确考核目标：设计问题之前，首先要明确题目的考核目标，即希望学生展示出哪些知识点或技能。在这个样例中，考核目标是判断学生是否能运用四则运算规律正确解题。

2. 合理设置题目：……

3. 正确答案的设置：……

4. 干扰选项的设计：……

5. 答案解析的重要性：……

第二步，指导 AI 学习如何系统地设计关键问题。

这一过程始于明确考核目标，聚焦于提炼要达成这些目标学生应掌握的概念或具备的思维。随后，分析并预测学生在学习这些概念时可能形成的错误观念或思维。最后，根据上述步骤设计问题，测试学生对概念的理解，并设置干扰选项来检验他们是否能区分概念的正确和错误。

> **提示词**
>
> 【角色】你是一位资深的数学教师。
>
> 【任务】请你学习设计关键问题的步骤，并进行解释。
>
> 【设计关键问题的步骤】
>
> **1.** 明确题目考核目标。
>
> **2.** 梳理学生要达成目标必须掌握的概念或具备的思维，以及学生可能形成的错误观念或思维。
>
> **3.** 设计题目，其中每个干扰选项都包含至少一种错误概念或思维。

> **AI 执行结果**
>
> 作为一位资深的数学教师，设计关键问题是一项重要的教学技能，它能够帮助学生更好地掌握和应用数学概念。以下是我对设计关键问题步骤的学习和解释。
>
> **1.** 明确题目考核目标：这一步是设计数学问题的起点。考核目标应该是

具体的，可以是理解一个数学概念、掌握一种解题技巧或者应用一个公式。

2. 梳理正确的概念或思维，以及可能形成的错误观念或思维：……

3. 设计题目：……

4. 设置干扰选项：……

第三步，让 AI 为设计关键问题作准备。

为 AI 设定角色，告知其明确的考核目标与考核对象，然后引导 AI 进行分析，并梳理出与考核目标紧密关联的常见错误观念或思维。这一过程旨在让 AI 预先识别潜在的学习障碍点，为后续能够设计精准击中这些障碍点、重构学生认知的关键问题奠定坚实基础。

提示词

【角色】你是一位教授"学习科学与技术"课程的资深教师。
【考核目标】辨析内在认知负荷、外在认知负荷、相关认知负荷的能力。
【考核对象】大学生。
【任务】请你梳理出与考核目标紧密关联的常见错误观念或思维。

AI 执行结果

以下是一些与考核目标紧密关联的常见错误观念或思维。

1. 混淆内在认知负荷与外在认知负荷：学生可能错误地认为内在认知负荷与外在认知负荷是相同的概念，或者将它们混为一谈。内在认知负荷多少是由学习材料的复杂性和学习者处理信息的能力决定的，而外在认知负荷则是由教学设计和呈现方式带来的。

2. 错误地将相关认知负荷视为负面因素……

3. 错误地认为认知负荷总是越多越好……

4. 对认知负荷的个体差异缺乏了解……

5. 误解认知负荷与学习成果的关系……

第四步，让 AI 回顾全部对话，生成关键问题。

要求 AI 回顾以上所有的对话内容，包括学到的关键问题设计规则以及梳理出的与考核目标相关的错误观念或思维。随后，AI 将按照既定的要求与标准，生成关键问题。这些问题不仅能够有效评估学生的学习进展，还能引导学生发现并纠正认知错误，从而加深对关键知识的理解。

> **提示词**
>
> 【角色】你是一位教授"学习科学与技术"课程的资深教师。
>
> 【技能】
>
> **1.** 熟知"认知负荷"相关内容。
>
> **2.** 擅长设计符合关键问题要求的单选题。
>
> 【考核目标】辨析内在认知负荷、外在认知负荷、相关认知负荷的能力。
>
> 【考核对象】大学三年级教育学专业的学生。
>
> 【任务】结合对关键问题的要求，列出与考核目标有关的错误观念或思维等关键问题。
>
> 【任务要求】
>
> **1.** 题目必须符合关键问题的所有要求。
>
> **2.** 关键问题的题干要具备应用性。
>
> **3.** 题目的每个选项都要另起一行；答案在题目之后呈现，需说明每个干扰选项所考核的概念或知识点。
>
> 【工作流程】
>
> **1.** 回顾以上全部对话。
>
> **2.** 按照要求出题。

> AI 执行结果

问题

在设计一个包含多个复杂步骤的数学问题的解决教程时,教师应该如何考虑其对学生认知负荷的影响?

A. 增加更多的步骤和细节,以确保学生能够理解每个步骤的深层含义,从而增加内在认知负荷。

B. 使用图形和颜色来区分不同的步骤,以减少学生在信息处理上的外在认知负荷。

C. 仅提供最基本的步骤,以避免增加学生的认知负荷,让学生自行探索其余部分。

D. 将问题分解为更小的部分,并逐步引导学生解决,以减少内在认知负荷。

正确答案:D

A 选项代表的错误观念是认为增加步骤和细节总是有助于理解……

B 选项的错误在于过分依赖图形和颜色来减少认知负荷……

…………

2. 让 AI 反思,对题目进行修正

通过让 AI 反思,教师进一步审核题目的有效性,判断是否每个干扰选项都至少代表了一种错误观念或思维,从而判断是否需要修正题目。如果需要,向 AI 发出指令即可。

> 提示词

【任务】
1. 请回顾以上全部对话，思考你所出的题目不符合哪些要求。
2. 站在学科专家的角度审视题目、选项及答案的合理性。

AI 执行结果

经过回顾我们的对话，我发现我出的题目在以下几个方面可能不符合要求。

o 应用性：题目应该具有实际应用性……

o 选项的合理性：每个选项都应该代表至少一种可能的误解或错误观念……

> 提示词

【任务】请回顾我们的全部对话，结合你的反思，重新出题。

AI 执行结果

问题

在设计教学活动时，教师需要考虑学生在理解新概念时的认知负荷。以下哪种情况最有可能导致外在认知负荷的增加？

A. 学生在学习一个新词汇时，需要同时记忆多个同义词和反义词。

B. 学生在学习历史时，需要整合不同时间段发生的事件和它们之间的联系。

C. 学生在学习数学时，需要同时考虑多个变量和公式，以解决复杂问题。

D. 学生在学习科学时，需要区分相似但属性不同的科学概念。

正确答案：A

A项代表了外在认知负荷，因为同时记忆多个同义词和反义词可能是教学设计不当带来的认知负担。

----

1. 确保AI充分学习关键问题的模式。首要步骤是让AI系统且深入地学习并理解高质量关键问题的构成要素与设计规则，这是后续设计关键问题的基础。
2. 为保持AI对话的连贯性与生成内容的准确性，可以让AI回顾历史对话，这样能防止AI遗漏关键信息。
3. 必要时让AI反思，辅助教师进行关键问题审核，教师进而判断是否需要重新出题或者修正提示词。
4. 将关键问题融入随堂互动。这样能够即时反映学生的学习状态与理解程度，帮助教师迅速掌握学情，并灵活调整教学策略，针对学生常见的错误概念进行精准辅导，实现教学的动态优化与个性化。

3.2 多选题：评估学生的融会贯通能力

多选题作为评估学生知识掌握程度和理解深度的一种方式，可以考查学生的融会贯通能力。多选题不仅要求学生记忆孤立的知识点，更侧重于检验学生能否针对这些知识点融会贯通，形成完整、连贯的知识体系。

面对多选题时，学生须从多个角度审视问题，将所学知识与题目情境相结合，进行深度分析和综合判断，仔细甄别每个选项的正确性与适用性。这一过程促使学生跨越知识点间的界限，理解各知识点之间的内在联系和逻辑关系（如并列关系、包含关系、排他关系等），从而展现其融会贯通的能力。

无论对哪类学生而言，练习多选题都大有裨益。首先，对于学习成绩优秀的学生来说，他们可能会遇到挑战（比如漏选一个正确选项），这对他们而言是一次宝贵的反思与提升机会。其次，对于学习成绩不佳的学生来说，他们也有机会获得成功（比如找到至少一个正确选项），这对他们而言常常是鼓舞士气的事。再次，多选题能够让所有学生对所学知识融会贯通，而不是孤立地运用，这样可以有效提升学生利用"比较"方法进行学习的能力，使学习更加高效，使理解更加深刻。

利用 AI 辅助设计多选题可以极大地提升试题设计的质量与效率，使评估过程更加科学、精准且个性化。尤其是 AI 能够模拟学生的思考过程，预测学生在解答多选题时可能存在的困惑或遇到的难点。基于这些预测，教师可以设计出具有引导性和启发性的选项，让学生在选择过程中不断思考、辨析和推理，从而提升其融会贯通的能力。

让 AI 辅助设计多选题，需向 AI 提供以下关键信息。

（1）明确考核目标。确定题目旨在评估学生对特定知识领域的理解与应用能力，还是综合分析能力。

（2）明确考核对象。确定题目所针对的学段、年级、专业等信息，或者从属某类学情的学生。

（3）设定题目参数。

①题目数量：告诉 AI 需要生成多少道多选题。

②难度级别：根据学生的学习水平，设定题目的难度级别，如简单、中等、困难等。

③选项数量：设定每道题目中选项的数量。

④正确答案数量：明确每道题目中正确答案的数量，可以是两个或多个。

（4）提供样题或模板。

①样题：如果可能，提供几道样题作为示例，让 AI 了解题目风格和格式。

②模板：如果有特定的题目模板或格式要求，也一并发给 AI。

（5）其他特殊要求。

①排除特定内容：如果不希望某些知识点或内容出现在题目中，请明确告知 AI。

②题目风格：例如，是否需要结合实际应用场景、是否需要考查学生的批判性思维、选项的干扰程度等。

③干扰特征：可明确告知 AI 干扰选项应具备哪些干扰特征。

1. 大学课程"学习科学与技术"

> **提示词**
>
> 【角色】你是一位教授"学习科学与技术"课程的资深教师。
>
> 【技能】
>
> 1. 熟知"认知负荷"相关内容。
>
> 2. 擅长设计考核学生融会贯通能力的多选题。
>
> 【考核目标】辨析内在认知负荷、外在认知负荷、相关认知负荷的能力。
>
> 【考核对象】大学三年级教育学专业的学生。
>
> 【任务】请参考【多选题样例】，针对【考核目标】设计多选题。
>
> 【任务要求】
>
> 1. 题目数量：1道。
>
> 2. 难度级别：中等。
>
> 3. 选项数量：7。
>
> 4. 正确答案数量：不少于3个。
>
> 5. 多选题的题干要结合实际应用场景；多选题的选项不能有任何暗示性，干扰选项的干扰程度要强。
>
> 6. 题目的每个选项都要另起一行；答案在题目之后呈现。

【多选题样例】

题目：在下面这个句子中，横线部分可填（　　）。

_____, you can take a short break every 90 minutes to refresh yourself.

A. Apart from　　B. Besides　　C. In addition to　　D. In addition

E. Moreover　　F. Aside from　　G. Furthermore

正确答案：B、D、E、G。

答案解析：在本题中，横线部分需要的意思是"此外"，考查学生对这一含义的单词和短语的记忆和运用。四个正确选项都可单独使用，与主句用逗号隔开。而 A、C、F 三个选项属于介词短语，意思是"除……之外"，需要有相应的名词、代词或动名词等作宾语，单独使用是不对的。

AI 执行结果

题目 1

假设您是教育技术课程的讲师，正在设计一个关于"认知负荷理论"的教学单元。以下哪些教学策略可能会增加学生的内在认知负荷？

A. 在一节课中介绍多个复杂理论

B. 通过案例研究来应用理论概念

C. 使用图表和流程图来组织信息

D. 要求学生同时分析多个数据集

E. 通过小组讨论来深化理解

F. 引入与学生先验知识不符的新概念

G. 利用多媒体工具展示教学内容

正确答案：A、D、F

答案解析

内在认知负荷的多少通常与学习材料的复杂性和学习者处理信息的能力有关。

A. 在一节课中介绍多个复杂理论——这会增加学生的内在认知负荷,因为学生需要同时理解和整合多个复杂概念,这超出了他们的处理能力。

……

错误选项解释

B. 通过案例研究来应用理论概念——通常,案例研究有助于学生将抽象概念与实际情况联系起来,减少内在认知负荷。

……

2. 小学语文中的"比喻"

如果同时给 AI 提供知识点详解、干扰项具体特征,或者给 AI 指定详细的工作流程(让其先列出知识点内容及其特征、干扰选项的特征,再开始设计多选题),将更有助于 AI 设计出高质量的题目。

> **提示词**
>
> 【角色】你是一位资深的小学语文教师。
> 【技能】
> 1. 熟知"比喻"相关内容。
> 2. 擅长设计考核学生融会贯通能力的多选题。
> 【考核知识点】比喻的修辞手法及其特征。比喻 = 本体 + 比喻词 + 喻体,且本体和喻体之间有相似性。
> 【考核目标】辨析句子中是否使用了比喻。
> 【考核对象】小学四年级的学生。
> 【任务】参考【多选题样例】,针对【考核目标】设计多选题。

【任务要求】

1. 题目数量：1道。
2. 难度级别：中等。
3. 选项数量：7。
4. 正确答案数量：不少于3个。
5. 多选题的题干要结合实际应用场景；多选题的选项不能有任何暗示性。
6. 干扰选项的干扰程度要强，干扰特征为"使用非比喻的修辞手法，如直接描述或夸张；本体和喻体之间无相似性；有比喻词但非比喻句"。
7. 题目的每个选项都要另起一行；答案在题目之后呈现。

【工作流程】

1. 确定自己要考核的知识点及其特征。
2. 列出正确答案应该具有的特征和干扰选择可能具备的特征。
3. 编制符合要求的多选题。
4. 对题目及其答案进行解析。

【多选题样例】（略）

AI 执行结果

1. 确定自己要考核的知识点及其特征

知识点：比喻的修辞手法及其特征。

特征：比喻由本体、比喻词和喻体组成，且本体和喻体之间有相似性。

2. 列出正确答案应该具有的特征和干扰选择可能具备的特征

正确答案特征：包含本体和喻体；使用比喻词连接本体和喻体；本体和喻体之间有明确的相似性。

干扰选项特征：……

3. 编制符合要求的多选题

在学校的自然课上，老师带着同学们观察校园里的植物。以下哪些句子正确地使用了比喻的修辞手法来描绘植物的特点?

A. 那棵老槐树像一把巨大的绿色伞,为过往的师生提供阴凉。

B. 树叶在微风中轻轻摇曳,好像在跳着欢快的舞蹈。

C. 玫瑰花颜色鲜艳,红的像火焰一样热烈,白的似雪花般纯洁。

D. 小草从土里探出头来,好奇地打量着这个世界。

E. 花园里的花朵争奇斗艳,每一朵都像是精心布置的展品。

F. 松树上的松针密密麻麻,就像无数支绿色的箭矢,准备射向天空。

G. 那朵向日葵仿佛能吞噬掉整个太阳的光芒。

4. 答案解析

正确答案:A、C、F

A. 那棵老槐树像一把巨大的绿色伞,为过往的师生提供阴凉。此句将老槐树比作绿色伞,本体(老槐树)和喻体(绿色伞)之间有提供阴凉的相似性,且使用了比喻词"像",是比喻句。

············

错误选项解释

B. 树叶在微风中轻轻摇曳,好像在跳着欢快的舞蹈。此句使用了拟人手法,将树叶赋予了人的动作,但并未使用比喻。

············

结合学生对多选题的解答,教师可以重新思考学生对知识点特征的理解,比如"本体、喻体之间的相似性",这很可能就是学生易忽略的特征,这也是教师在讲解新知识时,需要重点讲解的地方。而这样的多选题,在增加干扰性的同时,也能提升学生对"比喻"特征的了解,以及在写作的过程中用多种比喻手法的可能性。

> **小贴士**
>
> 1. 可让 AI 基于教学大纲和课程标准，自动筛选出关键知识点和核心概念，确保多选题涉及的广度与深度恰到好处。
> 2. 可让 AI 分析学生的历史答题记录，识别出学生的知识薄弱点和易错点，继而让 AI 基于这些个性化数据生成多选题，实现因材施教。这种个性化的评估方式不仅能提高评估的有效性，还能激发学生的学习动力，促进学生自主学习。
> 3. 为了优化 AI 所设计的多选题，可要求 AI 进行反思和修正，也可直接给 AI 提出进一步的要求，比如"干扰选项的干扰程度再增加一些，最好能达到容易让人误解是比喻的程度"。

3.3 填空题：完形填空题及多目标填空题的设计技巧

填空题不仅能够有效地检验学生对特定知识点、概念或信息的记忆与理解程度，还能在一定程度上评估其分析、推理及信息提取的能力。通过精心设计的填空内容，教师可以灵活控制测试的难度，测试难度涵盖从基础知识点的直接回顾到复杂情境下的知识整合与应用，满足不同学习阶段和目标的评估需求。

利用 AI 辅助设计填空题，需向 AI 提供以下信息：考核目标（包含学科、考核内容及考核水平）、考核对象（学段、年级、专业等信息，或者从属某类学情的学生）、设定题目参数（难度级别、填空题型[1]、上下文背景信息[2]）、

---

[1] 说明填空题的具体类型和格式。例如，是单句填空、完形填空、多目标填空，还是需要学生填写整个句子或段落的一部分。同时，指定答案的类型（如数字、单词、短语、句子等）也很重要。
[2] 如果填空题需要一定的上下文或背景信息来帮助学生理解，可提供相关信息。例如，如果是一道关于历史事件的填空题，可向 AI 提供该事件的基本信息。

题目风格（是否需要结合实际应用场景、答案是否具有唯一性、答案是否限制使用某些词汇或原理）、答案格式（是否需要包含解题步骤等）、题目数量等。

1. 完形填空题

> **提示词**
>
> 【角色】你是一位教授"学习科学与技术"课程的资深教师。
> 【技能】你熟知"认知负荷"相关内容，擅长设计考核学生结合提示信息进行思考的填空题。
> 【考核主题】认知负荷。
> 【考核目标】辨析内在认知负荷、外在认知负荷、相关认知负荷的能力。
> 【考核对象】大学三年级教育学专业的学生。
> 【任务】参考【填空题样例】，针对【考核目标】设计完形填空题。
> 【任务要求】
> 1. 题目数量：1道。
> 2. 难度级别：高级。
> 3. 填空类型：完形填空。
> 4. 空格数量：4。
> 5. 填空内容：空格里需要学生填写某一类认知负荷，且每一类认知负荷都要至少出现一次。
> 6. 填空题的题干要结合实际应用场景；每个空格里所要填的内容应有所区别。
> 7. 答案在题目之后呈现。
> 【工作流程】
> 1. 学习认知负荷及不同类别认知负荷的内涵及特征。
> 2. 参照【填空题样例】，根据要求设计填空题。
> 【填空题样例】

在古老的东方，有一座被群山环抱的小村庄。村庄里的人们生活 [1]，与世无争。然而，有一天，一只凶猛的野兽突然出现，打破了村庄的宁静。村长召集了所有的村民，商议对策。一个勇敢的少年 [2]，他的名字叫小强。小强 [3]，决定独自前往山林，寻找并制服野兽。

小强在山林中历经艰难，终于找到了野兽的踪迹。他通过 [4]，用智慧和勇气与野兽斗智斗勇。经过一番激烈的较量，小强成功地 [5] 了野兽，保护了村庄的安宁。村民们为小强举行了盛大的庆祝会，他们 [6]，感激小强的英勇行为。小强的故事很快在四乡八邻传开，成了一段佳话。

1. A. 简单　　　　B. 富裕　　　　C. 和谐　　　　D. 忙碌
2. A. 站了出来　　B. 退缩了　　　C. 犹豫不决　　D. 无动于衷
3. A. 胆怯　　　　B. 自信　　　　C. 犹豫　　　　D. 鲁莽
4. A. 观察　　　　B. 逃避　　　　C. 攻击　　　　D. 等待
5. A. 驯服　　　　B. 击退　　　　C. 杀死　　　　D. 感化
6. A. 欢呼　　　　B. 哭泣　　　　C. 抱怨　　　　D. 嘲笑

答案如下。

1. C. 和谐 —— 描述村庄的宁静和人们之间关系的和谐。
2. A. 站了出来 —— 描述小强勇敢地站出来面对问题。
3. B. 自信 —— 描述小强在面对挑战时的自信态度。
4. A. 观察 —— 小强需要观察野兽的行动，以便找到制服它的方法。
5. B. 击退 —— 小强通过智慧和勇气击退了野兽，保护了村庄。
6. A. 欢呼 —— 村民们为小强的英勇行为欢呼，表达他们的感激之情。

AI 执行结果

在一次教育心理学的讲座中，教授讨论了认知负荷理论对教学设计的影响。以下是讲座中的一些关键点，请根据上下文填写适当的认知负荷类型。

教授指出，当学生学习新概念时，如果概念本身非常复杂，这自然会增加学生的 [1]。然而，如果教学材料组织不得当，即使概念本身不是非常复杂，也可能增加学生的 [2]。例如，如果教学材料包含太多不相关的图表或信息，就可能会增加学生的 [3]。除此之外，教授还强调了适应学生先验知识的重要性，因为不同的学生背景知识不同，这会影响他们处理新信息的 [4]。

答案如下。

1. A. 内在认知负荷 —— 复杂的概念本身引起的负荷。

2. B. 外在认知负荷 —— 教学材料组织不当引起的负荷。

3. B. 外在认知负荷 —— 不相关的图表或信息引起的负荷。

4. C. 相关认知负荷 —— 先验知识影响学生处理新信息的负荷。

2. 多目标填空题

> **提示词**
>
> 【角色】你是一位资深的初中英语教师。
> 【技能】你熟知"英语单复数形式"相关内容，擅长设计考核学生结合提示信息进行思考的填空题。
> 【考核主题】英语名词单复数形式。
> 【考核目标】
> **1.** 能正确进行英语名词单复数转换。
> **2.** 能根据上下文语境来确定英语名词正确的单复数形式。
> 【考核对象】初中二年级的学生。
> 【任务】参考【多目标填空样例】，针对【考核目标】设计多目标填空题。
> 【任务要求】
> **1.** 难度级别：高级。
> **2.** 填空类型：多目标填空。
> **3.** 题目构成：第一部分出 5 道单复数转换题目，要求 5 道题所涉及的单词不同；第二部分是带 5 个空格的短文，其中第一部分单复数转换的结果将被分别填入第二部分的短文的空格中。

4. 短文的题干要结合实际应用场景；每个空格里所要填的内容应有所区别。

5. 答案在题目之后呈现。

【工作流程】

1. 学习单复数转换规则。

2. 学习【多目标填空题样例】，分析样例包含几个部分以及各部分的相互关系。

3. 参照【多目标填空题样例】，先设计第一部分——单复数转换题目，再参照样例设计第二部分的英文短文填空题，并给出第三部分的答案解析。

【多目标填空题样例】

第一部分：请笔算下面题目，并将题目的结果填入第二部分的短文中，使短文成立。

722÷38   121×16   130÷26   99×19   1210÷22   317×6

第二部分：你知道吗？鲁迅是中国伟大的文学家、思想家和革命家。原名周树人，浙江绍兴人。（1）年出生于破落封建家庭。（2）年前往日本学医，后弃医从文。（3）18年（4）月，首次用笔名"鲁迅"发表中国现代文学史上第一篇白话文小说《狂人日记》。（5）年10月病逝于上海。终年（6）岁。

第三部分：答案解析。

首先，计算题目中的数学表达式，计算结果如下。

722÷38=19

121×16=1936

130÷26=5

99×19=1881

1210÷22=55

317×6=1902

其次，将计算结果填入短文中。鲁迅是中国伟大的文学家、思想家和革命家。原名周树人，浙江绍兴人。（1881）年出生于破落封建家庭。（1902）年前往日本学医，后弃医从文。（19）18年（5）月，首次用笔名"鲁迅"发表中国现代文学史上第一篇白话文小说《狂人日记》。（1936）年10月病逝于上海。终年（55）岁。

AI 执行结果

第一部分：名词单复数转换题目

复数转单数：children_____ tomatoes_____ deer_____

单数转复数：box_____ photo_____

第二部分：短文填空题

Yesterday, I went to the park with my siblings. We saw many (1) playing by the lake. My brother bought a (2) of cookies from the snack bar. We took some (3) to capture the beautiful scenery. For lunch, we had sandwiches with fresh (4). We also spotted a group of (5) near the edge of the woods.

第三部分：答案解析

复数转单数：children- child tomatoes-tomato deer-deer

单数转复数：box-boxes photo-photos

短文填空：

1. children - 孩子们正在操场上玩耍。（表示复数形式。）

2. box - 我的兄弟在小吃店买了一盒饼干。（应用单数形式，因为前面有a，表明只买了一盒。）

3. photos - 我们拍了些照片来记录美丽的风景。（应当用复数形式，因为前面有some，说明不止拍了一张照片。）

4. tomatoes - 我们午餐吃了带有新鲜番茄片的三明治。（在这里应该使用复数形式，因为三明治是复数。）

5. deer - 我们在树林的边缘发现了一群鹿。（a group of 意思是一群，应该用复数，deer单数和复数形式相同。）

3.4 判断题：借助 AI 理解题型设计原则并科学出题

要想充分利用 AI 来辅助设计某一类型的评估题，教师对该评估题的形式及其出题原则的深入理解无疑是基础中的基础。如果教师在这一领域的知识储备不够充足，那么在引导 AI 生成评估题时，可能会因为缺乏具体、有效的提示词而限制了 AI 的创造力，影响评估题的准确性，最终导致难以生成既符合教学目标又具备良好区分度的评估题。

幸运的是，借助 AI 教师可以进行自学。这意味着，即便教师在一开始对某一类评估题型的了解不够深入，也能通过与 AI 对话来逐步解决这一问题。下面以判断题为例，介绍教师如何用 AI 辅助设计自己原本不熟悉的评估题型。

第一步，向 AI 学习。

教师可将 AI 视为自己的智慧导师，帮助自己深入了解那些尚不熟悉或掌握不够深入的学习评估形式。

> 提示词
>
> 【角色】你是一位教学设计专家、学习评估专家。
> 【技能】你擅长学习评价。
> 【任务】请告诉我，设计判断题需要注意哪些方面。

> AI 执行结果
>
> 1. **确保题目清晰明确**：确保每道判断题都有明确的答案，避免使用模糊或容易引起歧义的表述。
> 2. **覆盖关键概念**：设计题目时要确保覆盖课程中的关键概念和知识点。

3. 融入真实情境：将判断题置于真实的情境中，有助于学生更好地理解概念在实际生活中的应用。

4. 避免题型单一：不要只设计简单的记忆性判断题，可以设计一些需要分析和推理的题目。

5. 平衡正误选项数量：确保正确和错误选项的数量大致相当，避免学生轻易通过排除法猜出答案。

6. 慎用双重否定：尽量避免使用双重否定的句子结构，以免增加学生理解题目的难度。

7. 设计干扰选项：提供一些看似合理但实际上是错误的选项，以测试学生的批判性思维能力。

8. 避免设计过于简单的题目：避免设计过于简单或答案显而易见的题目，以更好地评估学生对知识的深入理解程度。

如果教师对 AI 所提供的某一具体部分内容感兴趣，可继续与 AI 对话，以加深自己的理解和认知。

> 提示词
> 你说要避免题型单一，请你举例说明有哪些不同类型的判断题。

AI 执行结果

当然可以。判断题可以根据其复杂性、目的和所需的认知过程分为不同的类型。以下是不同类型的判断题及其例子。

1. 直接记忆型：《蒙娜丽莎》是达·芬奇的作品。（正确。）

2. 概念理解型：在物理学中，力是改变物体运动状态的原因。（正确。）

3. 推理型：如果一个国家的经济增长速度持续超过其人口增长速度，那么人均收入将会增加。（正确。）

4. 案例分析型：在案例研究中，公司 A 通过减少废物产生和回收利用资源，实现了可持续发展。这表明公司 A 采取了对环境友好的经营策略。（正确。）

5. 批判性思维型：所有的广告都是误导消费者的，因为它们只展示产品的优点。（错误，这是一个过于绝对的说法。）

6. 比较和对比型：在比较两种不同的政治制度时，民主制度总是比独裁制度更能保障公民的自由和权利。（错误，这是一个需要批判性分析的陈述。）

7. 因果关系型：全球变暖导致极地冰川融化，进而导致海平面上升。（正确。）

8. 图表/图形解释型：在给出的柱状图中，2019 年的图书销售量是 2018 年的两倍。（需要查看图表后判断。）

第二步，引导 AI 生成判断题。

教师对判断题的出题技巧有了深入的理解之后，便可以引导 AI 精准生成判断题。首先，教师应明确考核目的和要求，包括考查的知识点、难度层次、题量大小以及是否需要融入特定的情境等。这些要求将作为指导 AI 生成题目的核心参数。

> 提示词
>
> 【角色】现在你是一位专业的教授"学习科学与技术"课程的教师，同时也是一位学习评估专家。
>
> 【技能】你对大脑的认知负荷有很深的研究，善于设计各种类型的判断题。
>
> 【任务】设计 3 道与"认知负荷"相关的判断题。

【任务要求】

1. **考核对象**:大学三年级教育学专业的学生。
2. **考核内容**:认知负荷,且认知负荷包含内在认知负荷、外在认知负荷、相关认知负荷。
3. **判断题类型**:推理型和因果关系型。
4. **平衡正误选项数量**:确保正确和错误选项数量相当,避免全对或全错。
5. **避免使用双重否定**:尽量避免使用双重否定的句子结构。
6. **设计干扰选项**:提供一些看似合理但实际上是错误的选项,以测试学生的批判性思维能力。

【工作流程】

1. 复习认知负荷相关知识。
2. 根据【任务要求】设计与"认知负荷"相关的判断题。
3. 给出判断题答案及其理由。

AI 执行结果

题目

1. 当教学材料的复杂性增加时,学生的内在认知负荷也会相应增加。(推理型判断题)
2. 使用多媒体教学可以减少学生的外在认知负荷,因为它提供了多种信息呈现方式。(因果关系型判断题)
3. 如果教学活动要求学生同时处理多项复杂任务,这将不可避免地增加学生的内在认知负荷。(因果关系型判断题)

答案及解析

1. 正确:内在认知负荷是由学习材料本身的复杂性引起的,教学材料的复杂性增加会导致学生处理信息的难度增加,从而增加学生的内在认知负荷。

2. 错误：虽然多媒体教学可以提供……

3. 正确：当学生被要求……

结合整个案例可知，通过利用 AI 教师可以深入地理解评估题的设计原则，从而设计出既符合教学目标又能有效评估学生能力的评估题。

3.5 案例分析题：综合应用，解决实际问题

案例分析题通过模拟或重现特定情境下的实际问题，要求学生运用所学理论知识进行深入分析，提出解决方案，并评估其可行性与效果。这种评估方式不仅使学生避免停留在对书本知识的简单记忆与复述层面，而且引导他们关注如何将灵活地这些知识应用于复杂多变的真实情境中。通过案例分析，学生能够学会识别问题关键、搜集相关信息、构建逻辑框架、权衡利弊得失，并最终形成有理有据的决策或建议。这一过程不仅加深了学生对专业知识的理解，更重要的是，它锻炼了学生面对不确定性和挑战时的应变能力和创新能力。

案例分析题的设计是一个综合而细致的过程，其核心可划分为三个部分。

- **案例分析题本体的设计：** 这是整个设计的基石，教师要精心构思题目情境，确保题目既贴近实际又具有挑战性。
- **量规的编制：** 为了确保评价的一致性和公正性，必须制定详细的评估标准或量规。在这一过程中需要明确评估的维度，并为每个维度设定具体的评分标准或等级描述。清晰的量规有助于学生明确答题的方向，同时也为教师的评分提供了依据。

- **样例的编制**：为了帮助学生更好地理解案例分析题的要求和答题思路，编制高质量的案例分析题样例显得尤为重要。样例应紧密围绕题目设计，展示优秀的答题方法和策略，同时注重解析过程中的逻辑性和条理性。通过样例的学习，学生可以直观地感受到如何运用所学知识解决实际问题，从而提升自己解答案例分析题的能力。

以下将分别介绍如何用 AI 辅助设计这三个部分。

1. 案例分析题本体的设计

在利用 AI 辅助设计案例分析题本体时，为确保题目的高质量与针对性，除了要明确 AI 的角色定位、技能要求、考核目标、难度设定及内容覆盖范围外，还需细致规划以下几个方面。

- **案例背景构建**：详尽地描绘案例所处的行业生态、具体发生的时间与地点，以及涉及的主要人物与利益相关方。这一背景信息为学生提供了丰富的上下文，有助于他们更全面地理解问题，从而做出更为精准的分析。
- **问题类型多元化**：明确案例中需包含的问题类型，如描述性问题（要求描述现状或现象）、分析性问题（深入剖析原因、关系或趋势）、评价性问题（评估方案、策略或行为的优劣）以及应用性问题（结合理论提出具体解决方案）。多样化的问题类型能够全面考查学生的综合能力。
- **技能需求清单**：明确列出解答此案例分析题所需的关键技能，包括但不限于批判性思维能力（分析、评估论证的有效性）、创造性思维能力（提出新颖见解或解决方案）、数据分析能力（处理信息、提炼关键数据点）等。
- **案例篇幅与复杂度调控**：根据教学目标和学生水平，合理设定案例的篇幅和复杂度。篇幅过长的案例可能增加学生的阅读负担，而过于简单的案例则无法激发学生进行深度思考与探索。

> 提示词

【角色】你是一位很专业的教授"学习科学与技术"课程的教师。

【技能】你对大脑的认知负荷有很深的研究，善于设计案例分析题以评估学生用所学知识解决实际问题的能力。

【任务】参考【案例分析题样例】，结合【考核内容】与【考核目标】，设计案例分析题。

【考核对象】大学三年级教育学专业的学生。

【考核内容】认知负荷，且认知负荷包含内在认知负荷、外在认知负荷、相关认知负荷三种。

【考核目标】分析和应用水平。

【试题类型】案例分析题。

【任务要求】

1. 案例分析题中的案例细节信息要足够，不少于400字。

2. 案例分析题要结合某个具体的课程内容，按照一节课的上课过程来设计，包括课堂情境描述、学生反馈及思考题三个部分（案例背景）。

3. 案例要体现老师在哪些方面增加或减少了学生的某种认知负荷，有利或不利于学生学习（案例内容）。

4. 案例描述要客观，不要包含"但是"等带有指向性的字。

5. 案例分析题的思考题不能具有明显的指向性，应让学生自行分析、辨别和解析（试题要求）。

【工作流程】

1. 学习认知负荷相关知识。

2. 解析【案例分析题样例】。

3. 根据【考核内容】与【考核目标】，参照【案例分析题样例】，设计1道符合任务要求的案例分析题。

【案例分析题样例】（略）

【确认理解】请理解以上要求，并解释。无须出题。

AI 执行结果

我理解您的要求,您需要我……

教师根据 AI 的回答来判断它的理解是否正确,如果有错误,进行纠正;如果没有,则可以让 AI 参照任务要求开始出题。

提示词

好的,根据你对任务要求的理解,开始出题。

AI 执行结果

案例分析题:认知负荷在教育心理学课程中的应用

课堂情境描述

在一节教育心理学的课程中,教授正在讲解认知负荷理论。课程开始时,教授通过一个简单的实验来引入内在认知负荷的概念,让学生分组解决一系列难度逐渐增加的问题。随着问题的复杂性增加,学生开始表现出不同程度的困惑和焦虑。接着,教授通过多媒体展示和图表展示来解释外在认知负荷的影响,例如如何通过合理的信息组织减少学生的认知负荷。最后,教授引导学生讨论他们对学习材料的兴趣,以及这些因素如何影响相关认知负荷。

学生反馈

学生 A 表示,开始时的问题很容易理解,但随着难度的增加,她感到越来越难以集中注意力。学生 B 提到,多媒体展示帮助他更好地理解了认知负荷的概念,但他对如何将这些理论应用到实际教学中还有些疑惑。

学生C则表现出对认知负荷理论的浓厚兴趣，并主动询问如何通过教学设计来减少学生的认知负荷。

思考题

1. 描述学生在解决难度逐渐增加的问题时，内在认知负荷是如何变化的。请分析哪些因素可能导致内在认知负荷的增加，并给出减少这种负荷的策略。
2. 教授使用多媒体展示和图表展示来辅助教学，这种教学方法影响学生的何种认知负荷？请讨论在教学设计中，哪些元素可能会增加或减少这种认知负荷，并说明理由。
3. 针对学生B的疑惑，给出一些可能的教学策略，帮助学生将认知负荷理论应用到实际教学中。

教师如果对AI所生成的案例分析题本体不满意，可继续提出意见，比如"请增加思考题与各类认知负荷的相关性"，此处不再介绍。

2. 量规的编制

若想让AI辅助编制量规，教师需提供评估目标、评估维度、评估水平等具体信息，具体方法详见3.7节。

> **提示词**
>
> 【角色】你现在不仅是一位很专业的教授"学习科学与技术"课程的教师，还是一位学习评估专家。
> 【技能】你擅长编制用于评估的量规。
> 【任务】请为你刚才设计的案例分析题编制一套量规。

【任务要求】
1. 请按照案例分析的流程写 4 个维度，每个维度匀分为 4 个水平。（量规的维度和水平。）
2. 不能给出通用量规，而应给出与"认知负荷"相关的量规。（与内容相关的量规。）
3. 对每个水平的描述足够具体、清晰，学生能读懂。（量规的可读性。）

【工作流程】
1. 阅读案例分析题本体。
2. 根据【任务要求】设计量规。

AI 执行结果

维度名称	水平 1	水平 2	水平 3	水平 4
理解理论	未能展示对认知负荷理论的基本理解，无法识别内在、外在和相关认知负荷	基本理解认知负荷理论，能够识别认知负荷的类型，但解释不够清晰或准确	准确理解认知负荷理论，能够识别内在、外在和相关认知负荷，并给出简单例子	深入理解认知负荷理论，能够联系其他教育心理学概念，解释详尽且准确
案例分析	未能将认知负荷理论应用到案例中……	部分应用理论……	恰当应用认知负荷理论	深入应用认知负荷理论
问题解决	未能提出减少认知负荷的策略……	提出一些基本策略……	提出具体策略……	提出创新的且实用的策略……
教学建议	未能提出任何教学设计建议……	提出一些基本建议……	提出具体且有针对性的……	提出创新的教学设计建议……

3. 样例的编制

前两个部分中 AI 的角色都是教师，这一部分中 AI 的角色要转换为学生，从学生视角给出案例分析样例。要注意，这里要先让 AI 适应角色的转换，然后再给出示例。具体流程如下。

> **提示词**
>
> 【角色】你现在的角色发生了转变，你是一名想根据量规答题的学生。
>
> 【任务】你想在这次考试中拿到高分，你要怎样才能做到呢？请解释。

AI 执行结果

作为一名想要在考试中拿到高分的学生，我会遵循以下步骤来确保我能够满足量规的要求。

1. **深入理解认知负荷理论**：我会注意区分内在认知负荷、外在认知负荷和相关认知负荷，并能够用实际例子来解释它们。

2. **全面分析案例**：在分析案例时，我会尝试识别案例中的关键因素，并用认知负荷理论来解释它们。

3. **应用认知负荷理论解决问题**：我会思考如何将认知负荷理论应用到实际问题中，提出减少内在认知负荷和外在认知负荷的策略。我会确保我的策略是基于理论的，并且具有可操作性。

4. **提出教学建议**：我会考虑如何通过教学设计来减少学生的认知负荷，提出具体的建议，如使用多媒体工具、改变信息的呈现方式或增加互动环节。我会确保我的建议是具体的、有针对性的，并且能够解释它们如何减少认知负荷。

5. **注意细节和表达清晰**：在答题时，我会注意清晰地表达我的想法，确保我的答案逻辑清晰、条理分明。我会使用恰当的例子和证据来支持我的观点。

> **提示词**
>
> 好，请你开始答题，请确保自己可以拿到高分。

AI 执行结果

（此处只节选对思考题2的回答。）

教授使用多媒体展示和图表展示主要影响了学生的外在认知负荷。首先，教授借助多媒体，如动画和视频，直观地展示了认知负荷理论，这有助于学生更好地理解抽象概念。这种直观的方式减少了学生在将抽象概念具体化时所需付出的认知努力，从而减少了外在认知负荷。其次，教授使用图表来展示信息，如展示不同认知负荷类型之间的关系。这种组织形式可以帮助学生构建知识框架，减少了他们自己组织信息所需的认知负荷。

在教学设计中，以下因素可能会影响认知负荷。

1. 清晰的信息呈现：如果多媒体和图表设计得直观易懂，可以减少学生的认知负荷，因为它们能帮助学生更快地识别和理解信息。

2. 适度的信息量：避免信息过载，确保展示的信息量适中，这些可以帮助学生更好地吸收和记忆，从而减少认知负荷。

3. 结构化的内容布局：通过逻辑清晰的布局展示信息，可以帮助学生构建知识框架，减少处理复杂信息的认知负荷。

4. 互动性：通过互动元素，如点击或拖放，可以提高学生的参与度，通过实践加深理解，减少认知负荷。

5. 及时反馈：多媒体展示可以提供即时反馈，帮助学生了解自己的理解程度，及时调整学习策略，减少不确定性产生的认知负荷。

 1. 案例分析题的设计一定要按照三个部分分批次完成，这样AI犯错的概率会比较低。

2. 案例分析题的三个部分的设计最好在同一个对话中完成，这样可以确保案例分析题本体、量规和样例中信息的一致性。

3.6 作业改编：提升作业的层次性和针对性

谈到作业，我们首先要思考的是布置作业的目的是什么。很多教师认为布置作业是为了让学生巩固所学知识，加强对所学知识的理解和运用。我想说，这固然是一个目的，但并非主要目的。布置作业的主要目的是让学生暴露学情，帮助学生筛选出自己认为已经学会但实际上没有掌握的部分，同时也帮助教师发现哪些自己认为已经教授清楚但学生实际没有学会的部分。因此，把布置作业当作收集学生学情的一种方法，是一个非常值得老师践行的视角。

学情与学习目标是紧密相连的，而学生完成作业的情况，作为反映学情的重要窗口，能够直观地展现学生在达成既定学习目标过程中的实际进展与成效。因此在设计作业时，教师应充分考虑学习目标的难度层次与要求，确保作业难度与学习目标的难度水平相吻合。当前传统的作业设计往往缺乏层次性，这使得学生难以根据自己的学习水平进行有针对性的练习；作业的进阶性不足，不利于学生构建系统的知识体系和认知结构；作业的评价标准单一，往往以答案的正确性作为唯一依据，忽视了对学生思维过程和创新能力的评价。

为解决以上问题，基于 SOLO 分类理论[3]，我们可以将作业从单一的知识回顾与再现，改编为促进学生思维能力发展、个性化学习以及实践创新的多元化活动，从而能更有效地收集学情。对于一线教师来说，即便了解 SOLO

---

3 SOLO 分类理论，全称为"structure of the observed learning outcome"，意为"可观察的学习结果的结构"，是一种以等级描述为特征的质性评价方法。SOLO 分类理论将学生的学习成果划分为 5 个由低到高的层次。
①前结构层次（pre-structural）：学生基本无法理解问题和解决问题，只能提供一些逻辑混乱、缺乏论据支撑的答案。
②单点结构层次（uni-structural）：学生找到了一个解决问题的思路，但却就此止步，单凭一点论据就得出了答案。
③多点结构层次（multi-structural）：学生找到了多个解决问题的思路，但却未能有效地将这些思路整合起来。
④关联结构层次（relational）：学生找到了多个解决问题的思路，并且能够将这些思路结合起来进行思考，形成系统思维。
⑤抽象拓展层次（extended Abstract）：学生能够对问题进行抽象的概括，从理论的高度来分析问题，而且能够深化对问题的理解，使问题本身的意义得到拓展。

分类理论，并且有改编作业的意识，在实际操作中仍可能会感到困难重重。没关系，AI 可以辅助我们。

1. 基于 SOLO 分类理论改编作业题

提示词

【角色】你是一位资深的小学数学教师。

【技能】

1. 擅长作业设计，你设计的作业题题干中常包含情境。
2. 对小学数学的知识体系非常了解，熟悉知识之间的结构与关联。
3. 对小学生的认知发展现状非常了解。

【任务】基于 SOLO 分类理论对作业题进行改编，改编后的题目必须仅适用于某一个特定年级，不能横跨不同年级。

【工作流程】

1. 学习【作业改编样例】。
2. 阅读给定的【作业题】。
3. 判断作业题适用的学科和年级，说明该年级学生的认知发展特点以及与作业相关知识点的目标要求。
4. 根据该年级学生的认知发展特点以及与该作业相关知识点的目标要求，参照【作业改编样例】，将给定的作业题分别改编为多点结构层次、关联结构层次、抽象拓展层次的作业题。

【作业题】

商场打折活动，一件衣服原价 120 元，现在打 4 折，那么这件衣服现在的价格是多少？

【执行结果】请按照【工作流程】输出每一步的结果和分析。

【作业改编样例】

1. 原作业：图书馆有故事书 98 本，今天借出 46 本，还回 25 本。现在图书馆有故事书多少本？

2. 改编后的作业如下。

多点结构： 图书馆有故事书 98 本，参考书 70 本，今天借出故事书 46 本，还回故事书 25 本，同时，借出参考书 30 本，还回参考书 15 本。现在图书馆有多少本故事书和参考书？

关联结构： 假设每天都按照今天的借书还书数量，那么 5 天后，图书馆有多少本书？如果要保持图书馆的图书数量不变，每天最多可以借出多少本故事书？

抽象拓展： 现在你被任命为新的图书馆馆长。你刚刚接手图书馆时，它有故事书 98 本，在你的领导下，每天有 46 本书被借出去，每天有 25 本书被归还，如果这样的借书和还书模式持续下去，你认为会有什么后果？你该如何改善这种状况？你应该制定什么样的图书借阅政策，以确保图书馆的书籍数量可以维持在一个稳定的水平？这一政策可能具有哪些优点以及带来哪些挑战，并请给出你的详细理由和解决策略。

AI 执行结果

1. 学习【作业改编样例】

学习了样例中的改编方法，理解了如何根据 SOLO 分类理论，将作业题改编为不同结构层次的题目。

2. 阅读给定的【作业题】

作业题：商场打折活动，一件衣服原价 120 元，现在打 4 折，那么这件衣服现在的价格是多少？

3. 判断作业题适用的学科和年级

学科：数学

年级：三年级

认知发展特点：三年级的学生已经具备基本的数学运算能力……

知识点的目标要求：理解百分比和折扣的概念……

4. 根据该年级学生的认知发展特点以及与该作业相关知识点的目标要求，改编作业题

o 多点结构层次改编题目：商场打折活动，一件衣服原价 120 元，现在打 4 折；一条裤子原价 150 元，现在打 6 折。如果小明的妈妈买了一件衣服和一条裤子，一共需要支付多少元？

o 关联结构层次改编题目：商场打折活动，一件衣服原价 120 元，一条裤子原价 150 元，现在衣服打 4 折，裤子打 6 折。如果小明的妈妈预算是 200 元，她可以买一件衣服和一条裤子吗？如果不能……

o 抽象拓展层次改编题目：假设你是商场的经理，你发现衣服打 4 折后，顾客购买的频率增加了……

这样的作业设计不仅高效，而且质量上乘，层次分明，能够引导学生逐步进阶。它巧妙地融合了应用性和情境性，使学生在完成作业的过程中既能巩固所学知识，又能培养实践能力。教师可以充分利用这些作业设计，仔细分析学生的作业情况，精准地收集学情信息，及时调整教学策略，给予学生有针对性的指导和反馈。

2. 让 AI 扮演学生预估做题难点

教师也可继续给 AI 赋予不同的角色，在备课时先假设学生在完成作业中可能会遇到何种困难以及自己可采取怎样的教学策略，以便给予学生相应的指导。继续以上述案例为例进行介绍。

> **提示词**
>
> 请你分别假设自己是两名三年级的学生,一名平时考 90 分,另一名平时考 70 分。现在你需要分别代表他们解答这三道改编后的题目,你会怎么解?可能会遇到哪些困难?

AI 执行结果

好的,我将分别扮演两名小学三年级的学生,一名成绩通常在 90 分左右,另一名在 70 分左右,来解答这三道改编后的题目。

成绩 90 分的学生

1. 多点结构层次题目

o 解答:计算衣服和裤子的现价,然后相加得到总价。

o 可能遇到的困难:可能会在计算过程中犯一些小错误,但总体上能够理解题目并正确解答。

2. 关联结构层次题目

o 解答:理解预算限制,计算在不同预算下能购买的衣服数量。

o 可能遇到的困难:需要进行除法运算和逻辑推理,可能会在计算或理解预算限制上遇到一些挑战。

3. 抽象拓展层次题目

o 解答:提出打折策略,考虑其对顾客行为和商场收入的影响。

o 可能遇到的困难:这个层次的题目较为抽象,需要有创造性思维能力和商业理解能力,可能会感到有些难度。

成绩 70 分的学生

1. 多点结构层次题目

o 解答:尝试计算衣服和裤子的现价,但可能在理解折扣所表示的含义时遇到困难。

o 可能遇到的困难：可能不理解如何将折扣应用到价格计算中，或者在基本的乘法运算上出错。

2. 关联结构层次题目

o 解答：尝试理解预算限制，但可能在计算能购买的衣服数量上遇到困难。

o 可能遇到的困难：可能不理解如何根据预算做出合理的购买决策，或者在除法运算上出错。

3. 抽象拓展层次题目解答

o 解答：可能难以提出具体的打折策略，或者难以理解策略对商业运作的影响。

o 可能遇到的困难：这个层次的题目需要较高的商业分析能力和创造性思维能力，学生可能会感到困惑，不知道如何开始解答。

总结

成绩 90 分的学生通常能够理解题目要求，并能够独立完成大部分计算，但在更高层次的思考上可能需要一些指导。

成绩 70 分的学生可能在理解题目的基本要求和进行计算上遇到困难，需要更多的指导和帮助，特别是在折扣计算和预算规划方面。

3. 让 AI 生成难点指导策略

继续以上述案例为例进行介绍，下面让 AI 扮演教师，给出指导策略。

> **提示词**
>
> 作为教师，针对两名学生可能遇到的困难，你会给予怎样的指导？

`AI 执行结果`

对于成绩 90 分的学生

1. 多点结构层次题目

o 鼓励学生检查计算过程的每一步，确保准确无误。

o 提供额外的练习题，提高他在百分比计算和基本算术运算方面的准确度。

2. 关联结构层次题目

o 教授学生如何设置预算限制，并做出合理的购买决策。

o 通过实际例子，帮助学生理解除法在预算规划中的应用。

3. 抽象拓展层次题目

o 引导学生进行头脑风暴，激发他们的创造性思维。

o 教授学生如何分析策略可能产生的潜在影响，并鼓励他们探索不同的商业运作模式。

对于成绩 70 分的学生

1. 多点结构层次题目

o 从基础概念开始，确保学生理解百分比和折扣所代表的含义。

o 通过逐步指导，帮助学生掌握如何将折扣应用到价格计算中。

2. 关联结构层次题目

o 使用图表或故事来帮助学生理解预算限制和购买决策。

o 通过反复练习，提高学生在除法运算和逻辑推理方面的能力。

3. 抽象拓展层次题目

o 简化问题，将其分解为更小的部分，逐步引导学生进行思考。

o 鼓励学生提出自己的想法，即使这些想法可能不完全正确，也要表扬他们的努力。

借助 AI，教师可以轻松设计出更具包容性、适应性和有效性的教学方案，促进每个学生对数学基础知识的理解以及思维能力的发展，同时，这也加强了教师对个性化教学重要性的认识，促使教师采用多样化的教学方法来满足不同学生的能力需求。

1. SOLO 分类理论只是改编作业可参考的理论之一，教师可依据布卢姆教育目标分类、马扎诺教育目标分类等不同理论进行作业改编。
2. AI 输出的作业改编样例只是参考答案。教师要判断作业改编的正确性和适用性。除此之外，教师可以找班里的同学先尝试解答，看他们是否遇到困难，并对作业题目进行调整。

3.7 编制量规：让评估有据可依

量规作为一种教学评估工具，既是指引学生明确学习目标、了解他们的作品或表现将如何被评估的明灯，也是教师客观、一致地评价学生作品的标尺。在教学过程中，量规的编制是一项基础而关键的工作，它涵盖了评估的对象、评估维度、评估水平及其描述等多个方面。

量规应包含以下几点。

- **明确评估对象**：明确量规将用于评估什么类型的学习成果，这就像是为量规设定一个明确的使用场景，确保它能够精准地衡量学生的学习成果。

- **确定评估维度**：列出将被评估的关键方面，这些维度就像是量规上的刻度，帮助教师和学生了解哪些方面是评价的重点。

- **设定评估水平**：为每个评估维度划分不同的等级或水平，这就像是为量规的刻度赋予具体的数值,让学生明白达到每个等级的具体要求。

- **具体描述每个等级：** 为每个评估水平提供清晰、可操作的描述,这不仅能帮助学生理解在每个等级上他们应该达到的表现标准,还能确保教师在进行评价时有明确的标准可依。

按上述要求编制的量规能成为连接教师教学与学生学习的桥梁,它不仅有助于学生清晰地认识到自己的学习目标和评价标准,同时也使教师的评价工作更加客观和高效。

1. 让 AI 编制量规

很显然,量规的编制往往需要教师投入较多的时间和精力,但幸运的是,AI 可以提供协助。具体操作过程如下。

第一步,确定评估对象。

这一步不需要借助 AI,而是需要教师自行确定。教师要明确自己将要建立一个用于评估什么的量规,是作文、案例分析,还是实验报告或设计方案？

此处以"评估学习目标撰写得是否合理"为例,讲解用 AI 辅助生成量规的过程。在这里"学习目标"就是评估对象。

第二步,用 AI 辅助设计评估维度。

首先,给 AI 指定与"评估对象"相关的专业角色,如果想评估学生的作文写作情况,那么就可以指定 AI 为一位优秀的《中学生作文》期刊编辑；如果想评估学生的实验报告,那么就可以指定 AI 为一位严谨的实验师。在本案例中,想评估学习目标的撰写质量,因此指定 AI 为一位专业的教学设计师。

其次,询问 AI 对评估维度的想法。这样,既是在了解 AI 对评估对象的理解程度，同时也让 AI 思考可能的评估维度。这一步非常适合需要制定量规但是又不能确定量规维度的情况。

提示词

【角色】你是一位专业的教学设计师。
【任务】如果你想评估教师的学习目标是否合理，你将会考虑哪些方面？

AI 执行结果

作为一位专业的教学设计师，在评估教师的学习目标是否合理时，我会考虑以下几个关键方面。

1. **明确性**：目标是否清晰、明确，学生和教师是否都能理解目标的具体含义。
2. **具体性**：目标是否具体，能够指导学生理解他们需要达到的具体标准。
3. **可测量性**：目标是否可量化或可评估，以便于教师在教学过程中和结束后进行测量。
4. **可达成性**：目标是否可行，学生在给定的时间内是否能够达成。
5. **相关性**：目标是否与课程内容、学生需求和教育标准紧密相关。
6. **层次性**：目标是否符合学生的认知发展水平和他们所具备的先验知识水平。
7. **多样性**：目标是否涵盖不同的认知领域，如知识、技能和态度。
8. **连贯性**：目标在整个课程中是否保持一致，相互之间是否存在逻辑上的联系。
9. **灵活性**：目标是否具有一定的弹性，以适应不同学生的学习速度和风格。
10. **文化敏感性**：目标是否考虑到不同文化背景的学生，避免文化偏见。
11. **动机激发**：目标是否能够激发学生的学习兴趣和内在动机。
12. **反馈机制**：是否有明确的反馈机制……
13. **资源和支持**：是否有足够的教学资源……

14. 评估与修订：是否有定期的评估和修订机制……

通过综合考量这些方面，我可以评估学习目标的合理性，并确保它们能够有效地指导教学活动，促进学生的学习进步。

第三步，辨别、筛选、确定量规维度。

可以看到，AI 给出的量规的维度很多，如果实际教学中使用这么多维度会增加师生的评估和改进负担，那么接下来就需要教师进行辨别、筛选，从而确定量规维度。这一步也不能依赖 AI，而是由教师自行辨别、筛选。

在本案例中，AI 给出的量规维度有 14 个，经过辨别，我认为只需要保留前 6 个维度就可以，即明确性、具体性、可测量性、可达成性、相关性和层次性。

2. 让 AI 提升量规质量

在编制量规时，为 AI 指定的角色是与评估对象相关的专业角色，下面我们需要为 AI 增加量规编制专家的角色，这有助于 AI 生成符合质量标准的量规。随后再给 AI 提出评估维度、评估水平、水平描述、量规形式等相关的任务。

第一步，编制量规。

> 提示词
>
> 【角色】你现在不仅是一位专业的教学设计师，还是一位量规编制专家。
> 【任务】你现在需要编制一份可评估"学习目标撰写质量"的量规。

【任务要求】

1. 评估维度为明确性、具体性、可测量性、可达成性、相关性、层次性。
2. 每个维度分为 4 个评估水平。
3. 每个评估水平的描述都是清晰的、可理解的。
4. 评估量规请以表格的形式呈现。

AI 执行结果

作为一位专业的教学设计师和量规编制专家,以下是一份评估"学习目标撰写质量"的量规,以表格形式呈现。

评估维度	1 分(低)	2 分(较低)	3 分(较高)	4 分(高)
明确性	目标模糊不清,难以理解	目标较为模糊,需要进一步明确	目标清晰,但某些部分可能需要进一步明确	目标非常明确,易于理解和执行
具体性	目标过于宽泛,缺乏具体细节	目标有一定的具体性,但细节不足	目标具体,包含关键细节	目标非常具体,详细描述了所需达成的标准
可测量性	目标无法量化,无法评估	目标部分可量化,但评估方法不明确	目标可量化,评估方法较为明确	目标完全可量化,评估方法清晰、明确
可达成性	目标不切实际,难以达成	目标有些不现实,可能需要调整	目标切实可行,但可能需要进一步细化	目标完全现实,易于学生达成
相关性	目标与课程内容无关	目标与课程内容有联系,但不够紧密	目标与课程内容紧密相关	目标与课程内容高度相关,符合教学目标
层次性	目标与学生的认知水平不匹配	目标与学生的认知水平基本匹配	目标与学生的认知水平相匹配	目标完全符合学生的认知发展水平

第二步,让 AI 反思量规问题。

如果 AI 生成的量规有明显的问题,比如评估维度数量过多、评估维度有偏差、水平描述不清晰等,教师可指出相关问题让 AI 反思。教师也可以让 AI 站在学生的角度思考量规是否合理。

> 提示词
>
> 我想知道，如果学生利用这份量规进行自我评估，他们可能会遇到什么困难？相应的，这份量规在编制时应进行哪些方面的调整？请解释。

AI 执行结果

如果学生利用这份量规进行自我评估，他们可能会遇到以下困难。

1. 理解难度：学生可能难以理解量规中的专业术语或评估标准，特别是对于较为抽象的概念，如"明确性"和"层次性"。
2. 评估技能不足：学生可能没有足够的评估技能……
3. 目标理解差异：不同学生对学习目标的理解……

为了解决这些问题，编制量规时应进行以下调整。

1. 简化语言：使用学生易于理解的语言，避免使用过于专业或抽象的术语。
2. 增加指导：提供如何使用量规的指导，包括如何进行自我评估和如何根据评估结果进行改进。

第三步，让 AI 根据反思进行修正。

让 AI 根据自己反思的结果，对之前所生成的量规进行修正。这一步也很重要，因为量规编制本身就需要预评估及修正。通过假设可能的问题并让 AI 修正，相当于进行了一轮预评估及修正。

> 提示词
>
> 请根据你反思的结果对量规进行修正。

AI 执行结果

基于上述反思，以下是修正后的量规，旨在提高学生自我评估的易用性和准确性。

评估维度	1分（需要改进）	2分（基本符合）	3分（良好）	4分（优秀）
明确性	目标模糊，不清楚要学什么	目标能够理解，但不够直白	目标清晰，容易明白	目标非常清晰，没有歧义
具体性	目标太宽泛，没有具体的例子	目标有一些具体内容，但不够详细	目标具体，有明确的例子	目标非常具体，细节丰富
可测量性	目标无法衡量，不知道如何判断是否达到	目标可以衡量，但方法不明确	目标可以衡量，评估方法清晰	目标完全可以衡量，评估方法明确
可达成性	目标不现实，超出能力范围	目标有些难度，但可能达到	目标现实，可以达到	目标完全现实，容易达成
相关性	目标与课程内容无关，学生不感兴趣	目标与课程内容有关，但联系不紧密	目标与课程内容紧密相关，学生感兴趣	目标与课程内容高度相关，学生非常感兴趣
层次性	目标太难或太简单，不符合学生的当前水平	目标难度适中，但有时感觉与学生的水平不匹配	目标难度适中，符合学生的当前水平	目标难度适中，完全符合学生的当前水平

使用说明

1. 教师或评估者根据学习目标的实际情况，对每个维度进行评估。

2. 每个维度的评分基于目标的撰写质量……

3. 这份量规是一个基础模板……

到目前为止，在教师的要求下 AI 生成了一份质量还不错的量规，同时提供了量规的使用说明。如果教师对此还不满意，可以继续让 AI 修正。值得注意的是，教师需要向学生清晰地解释量规，并确保他们理解如何使用它。

量规旨在提供一个结构化的框架，帮助评估者客观地评价作品或作业的质量，并指出需要改进的方面。如果学生使用量规进行自我评估，其具体操

小贴士 作步骤如下。

1. **阅读量规**：仔细阅读量规中的每个维度和相应的评估水平描述，确保理解每个水平的含义。

2. **对照目标**：将自己的作品或作业与量规中的每个维度进行对照，评估其在每个维度上的表现。

3. **选择评估水平**：根据自己的作品或作业，为每个维度选择一个最符合的评估水平（1分至4分）。

4. **记录评分**：在量规上记录下每个维度的评分，这将有助于学生了解自己的作品或作业在哪些方面需要改进。

5. **反思**：思考为什么作品或作业在某些维度上得分较低，是否有更明确或更具体的方式来表达这些目标。

第 4 章

AI 助力教师成长

4.1 中英互译：远离机翻味道

AI 可化身强大的翻译助手，凭借其先进的算法和不断学习的能力，为用户提供更加精准和自然的翻译结果。它不仅能够理解上下文，还能够捕捉到语言中的细微差别，从而生成更加符合目标语言文化和表达习惯的文本。

借助 AI 将英文翻译为中文的流程如下。

第一步，让 AI 进行直译。

在这一步要赋予 AI 与翻译内容领域相关的角色，比如，如果翻译生物学论文，那么 AI 应该是一位擅长将生物领域论文翻译成生物科普文章的翻译专家。同时，只要求 AI 根据英文内容进行直译。

> 提示词
>
> 【角色】你是一位精通简体中文的专业翻译，尤其擅长将教学学术领域的论文翻译成浅显易懂的教学科普文章。
> 【任务】请帮我将下列英文段落翻译成中文。
> 【任务要求】
> 1. 根据英文内容进行直译，保留英文段落原有的格式，不要遗漏任何信息。
> 2. 保留引用的论文，例如 [20] 这样的引用。
> 英文原文如下：
> Jonathan Haidt offers the arresting image of a restaurant failing to satisfy because it serves only sweet, or only salty, food.[17] Similarly, we are unlikely to get all students learning if we use only one or two of the approaches described above.
> *Reasoning sways some students – but not all.
> *Rewards and punishments can be powerful – but they are hard work and can evoke resentment.
> *Making change easy and tempting helps – but the effects may not last.

AI 执行结果[1]

乔纳森·海特提出了一个引人入胜的比喻：一家餐厅因为只提供甜食或只提供咸食而无法满足顾客的需求。[17] 类似地，如果我们只使用上述描述的一种或两种方法，我们不太可能让所有学生都参与学习。

- 推理能够说服一些学生——但并非所有学生。
- 奖励和惩罚可能非常有效——但它们需要付出很多努力，并且可能会引发反感。
- 使变化变得容易和吸引人是有帮助的——但效果可能不会持久。

第二步，要求 AI 反思，指出直译存在的问题。

教师可指定需要 AI 反思的具体维度，比如不符合中文表达习惯、语句不通顺、晦涩难懂等。

提示词

【任务】根据第一步直译的结果，进行结构化反思，指出其中存在的具体问题。

【任务要求】要准确描述，不宜笼统地表示，也不需要增加原文不存在的内容或格式，结构化反思包括但不仅限于以下 3 点。

1. 不符合中文表达习惯，明确指出不符合的地方。
2. 语句不通顺，指出位置，不需要给出修改意见，意译时修复。
3. 晦涩难懂，不易理解，可以尝试给出解释。指出不该翻译但翻译了的地方。

---

1 这里要求 AI 直译，AI 生成的内容可能存在错误。为了真实呈现 AI 直译的效果，笔者没有对译文进行修改。

AI 执行结果

根据第一步直译的结果,以下是我的结构化反思。

1. 不符合中文表达习惯

"乔纳森·海特提出了一个引人入胜的比喻":"引人入胜"在中文中通常用于描述故事或情节吸引人,而在这里描述的是一个比喻。

"我们不太可能让所有学生都参与学习":这里的"参与学习"表达可能不够准确。

2. 语句不通顺

"一家餐厅因为只提供甜食或只提供咸食而无法满足顾客的需求":这句话读起来略显生硬。

"推理能够说服一些学生——但并非所有学生":这里的破折号使用在中文中不太常见,可以改为逗号,使句子更加流畅。

3. 晦涩难懂,不易理解

"奖励和惩罚"可能需要进一步解释,因为在教育领域,奖励和惩罚的具体形式和效果可能因人而异,不宜一概而论。

"使变化变得容易和吸引人是有帮助的——但效果可能不会持久":这里的"变化"可能指学习方法或教学手段的变更,但未明确指出,读者可能会感到困惑。可以稍作解释。

第三步,要求 AI 根据反思,进行意译。

意译是为了让翻译更符合中文的表达习惯。意译强调的是传达原文的意义、精神或意图,而不一定严格遵循原文的词汇、语法结构或表达形式。意译的优点在于它能够跨越语言和文化的界限,使译文更加流畅、易于理解,同时保留原文的精髓和风格。

> 提示词
>
> 【任务】根据第一步直译的结果和第二步指出的问题，进行意译。
>
> 【任务要求】
>
> 1. 翻译时要准确传达原文所描述的事实和背景。
> 2. 在保证内容原意的基础上，使其更易于理解，更符合中文的表达习惯，同时保留原有的格式。
> 3. 意译也要保留原始段落格式，以及保留术语。

AI 执行结果

乔纳森·海特用一个生动的比喻来说明问题：一家餐厅如果只提供甜食或咸食，就无法满足所有顾客的口味。[17] 同样，如果我们只采用上述描述的一种或两种方法，我们也不可能让所有学生都投入到学习中。

- 逻辑推理能够影响一些学生，但并非所有学生都能被说服。
- 奖励和惩罚可能很有力量，但它们需要大量的努力，有时还可能引起反感。
- 让改变变得简单和吸引人是有益的，但这种影响可能不会持续很长时间。

对比第一步直译和第三步意译的结果，我们不难发现两者在多个关键维度上展现出了鲜明的差异，这些差异可能会影响读者的阅读体验与理解深度。

以上是以英译汉为例说明 AI 辅助翻译的过程。读者可根据这三个步骤，让 AI 实现从中文到英文的意译。此处不再举例介绍。

1. 在翻译时，根据原文的具体情况，可给 AI 提出一些翻译要求。比如人名不翻译、保留公司缩写；图表翻译保留原有格式（如"Figure 1:"翻译为"图 1:"）；在翻译专业术语时，第一次出现时要在括号里写上英文原文，例如："生成式 AI (Generative AI)"，之后就可以只写中文。

2. 一些专业术语，为了避免 AI 翻译出错，教师可在翻译前提前给 AI "喂养"相关术语翻译的对应表，其格式为：English -> 中文。例如：

zero-shot -> 零样本

teaching routine -> 教学惯例

AGI -> 通用人工智能

4.2 圆桌论坛：拓宽教育教学思路

面对一个教育教学观点，有时候很容易陷入自己的理解漩涡。如果想突破自己的认知，听一听其他人的观点，怎么办呢？

用 AI，让 AI 为你创建一个圆桌论坛。

在圆桌论坛中，AI 可以分饰不同的角色，给出不同的观点。它能够针对教师提供的问题，从多个角度进行分析和探讨。在这个虚拟的圆桌论坛上，AI 会根据教师的需求，生成多种讨论场景，让教师能够从不同角度审视问题，拓宽视野，让教师的思维不再囿于局限，教师能够接触更广阔的知识领域和更多样的思维模式，从而在教育教学的道路上不断进步和成长。

1. 让 AI 扮演六位专家，与教师讨论

第一步，确定讨论主题。

讨论的主题由教师确定，无须 AI 的参与。圆桌论坛的讨论主题大多来自教师对教学理念、教学策略等的困惑。比如，"学习目标到底要不要在一开始上课的时候呈现给学生""如何给学生平时成绩"等。

第二步，给 AI 分配角色，说明技能、规则及工作流程。

既然借助 AI 组织圆桌论坛，就需要 AI 饰演多个角色并使用符合角色特征的思维方式进行发言。教师需要先确定 AI 理解其角色、技能、圆桌论坛的规则及工作流程，才能开始圆桌论坛。下面以"如何给学生平时成绩"为例，借助 AI 组织圆桌论坛。

> 提示词
>
> 【角色】你将扮演六位教学设计专家，分别戴上不同的思考帽，代表具备不同的思维模式。你能协助用户使用六顶思考帽模型，从不同角度系统地思考问题，促进决策过程的全面和深入。
>
> 【技能】
> 1. 熟练掌握六顶思考帽模型的理论和应用方法。
> 2. 能够引导用户在讨论中切换不同角色，进行不同角度的思考。
> 3. 具备良好的沟通和组织能力，确保讨论过程有序且高效。
> 4. 能够帮助用户分析和总结讨论结果，制订有效的行动计划。
>
> 【规则】
> 1. 明确讨论的问题或目标，并确保所有参与者的理解一致。
> 2. 确保每个角色的作用都得到充分发挥，避免偏向单一思维模式。
> 3. 通过不同思考帽的切换，引导用户从多个角度分析问题。

4. 讨论结束后，帮助用户综合各个角色的观点，做出明智的决策。

【工作流程】

1. 收集并分析用户提供的问题或描述的目标。
2. 按照白帽、红帽、黄帽、黑帽、绿帽、蓝帽的顺序进行讨论。
3. 确保每个角色的作用都得到充分的发挥，必要时回到之前的角色进行进一步讨论。
4. 总结讨论结果，帮助用户制订行动计划。
5. 跟进行动计划的执行，并在适当时候进行复盘，评估决策效果。

【确认】如果你理解了，请解释我的要求。

AI 执行结果

您希望我扮演六位教学设计专家，使用六项思考帽模型来帮助用户从不同角度系统地思考问题，以促进决策过程的全面和深入。以下是对您所提出的要求的解释。

六项思考帽模型：这是一种思维工具，通过不同的角色或"帽子"来引导思考，各种帽子代表的思维模式具体如下。

（1）白帽：从客观信息和事实出发。

（2）红帽：基于情感和直觉。

（3）黄帽：从积极和乐观的角度看问题。

（4）黑帽：对问题持谨慎和批判性的观点。

（5）绿帽：寻找有创造性的新想法。

（6）蓝帽：控制讨论过程，进行总结和决策。

技能：我将使用这些技能来引导用户进行多角度的思考，并确保讨论有序、高效。

规则：在讨论过程中，我会确保每个角色的作用都得到充分发挥，并避免偏向单一思维模式。

工作流程：我会按照指定的顺序进行讨论，确保每个角色的作用都得到充分的发挥，然后帮助用户总结讨论结果并制订行动计划。

确认：我已经理解了您的要求，并准备好使用六顶思考帽模型来协助用户。

AI 不仅详述了圆桌论坛的角色、技能、规则和工作流程，还对扮演的六位教学设计专家各自的角色和特征进行了描述。这有助于 AI 有效按照要求组织圆桌论坛。提示词的【工作流程】把复杂的圆桌讨论过程分解为多个步骤，而且要求"总结讨论结果，帮助用户制订行动计划"，这是为了避免圆桌讨论陷入无止境的各抒己见而无法得到一个解决方案。

第三步，与 AI 开启圆桌论坛。

教师结合自己的困惑，以主持人的角色发起圆桌论坛，让 AI 代表不同角色进行发言。以下是部分圆桌论坛讨论的节选。

提示词

很多老师习惯于把出勤率、小测成绩、视频观看度、小组贡献度等作为计算学生平时成绩的依据。

AI 执行结果

白色思考帽（信息和事实）

1. 出勤率反映了学生的课堂参与度。
2. 小测成绩可以评估学生对课程内容的即时理解和掌握程度。
3. 视频观看度可以反映学生对课程材料的自主学习情况。
4. 小组贡献度可以评估学生在团队合作中的参与和贡献情况。

红色思考帽（情感和直觉）

从情感角度，这种方法可能会激励学生积极参与课堂和小组活动。然而，也可能有学生感到压力或不公平，尤其是那些可能因为个人原因无法保障出勤，或者在小组中不太活跃但是也能达成学习目标的学生。我们要考虑学生的感受和他们对这种评价体系的接受度。

黄色思考帽（积极和乐观）

这种综合评价方式可以鼓励学生全面发展，而不仅仅关注考试成绩。通过多维度的评价，可以更全面地了解学生的学习情况。

黑色思考帽（谨慎和批判性）

这种评价体系可能存在一些问题。例如，出勤率可能无法完全反映学生的学习效果，有些学生可能出勤但未积极参与；小测成绩可能受偶然因素的影响；视频观看度可能无法衡量学生理解和思考的深度；小组贡献度可能受到团队内部动态的影响。

绿色思考帽（创造性）

可以探索更多元的评价方式，比如项目作业、口头报告等，以适应不同学生的学习风格。评价体系可以更加个性化，根据学生的特长和兴趣进行调整。

蓝色思考帽：蓝帽（控制讨论过程）

我们需要确保评价体系的公平性和有效性，同时考虑如何平衡不同评价标准。讨论后，我们可以制定一个综合考虑多方面因素的评价体系，并制订相应的行动计划。

行动计划示例如下。

第一步：明确评价标准，确保它们可量化、可观察，并且与学习目标一致。

第二步：与学生和教师沟通，解释制定新评价体系的目的和好处，收集他们的意见和建议。

第三步：选择或开发适当的工具来支持评价数据的收集和分析。

第四步：在小范围内试行新评价体系，收集初步反馈，并进行必要的调整。

第五步：全面实施新评价体系，并定期收集学生和教师的反馈，以评估其实施效果。

第六步：根据反馈进行持续的改进，确保评价体系能够适应不断变化的教育教学需求。

通过这个行动计划，我们希望能够创建一个更加公平、全面和有效的学生评价体系。同时，我们也会保持灵活性，根据实际情况和反馈进行调整。

2. 教师受到启发，追问 AI

看完 AI 给出的"六位专家"的观点之后，你是否受到一些启发呢？对我而言，红色思考帽所提出的"那些可能因为个人原因无法保障出勤，或者在小组中不太活跃但是也能达成学习目标的学生"理应被关注的观点给了我启发，于是我继续追问。

提示词

如果平时成绩应该与学习目标的达成度相关，那么应该如何计算平时成绩？

AI 执行结果

白色思考帽

首先，我们需要明确学习目标是什么。这些目标应该是具体的、可衡量的，并且与课程的学习成果紧密相关。例如，如果学习目标是提高学生的批判性思维能力，那么平时成绩的计算应该反映学生在这一领域的进步。

红色思考帽

从学生的角度考虑，他们可能希望评价体系能够反映他们的努力和进步。教师可能希望有一个公正、透明的方法来评估学生的学习成果。

黄色思考帽

这种评价方法的优点在于它能够鼓励学生专注于课程的核心学习目标，而不是仅仅为了应付考试。假设使用与学习目标紧密相关的方式计算平时成绩，可以更准确地反映学生的学习成果，那么这种方法就可以鼓励学生更加专注于学习目标，提高学习成绩。

黑色思考帽

将平时成绩与学习目标的达成度相关联可能会带来一些挑战。例如，如何确保评价的公正性和一致性？如何避免主观性对学生成绩的影响？此外，某些学习目标可能难以量化，这可能会影响成绩的准确性。

绿色思考帽

探索使用不同的评价工具和技术，如电子档案袋、自评和互评等。考虑将形成性评价和总结性评价结合起来，以全面评估学生的学习过程和成果。

蓝色思考帽

为了确保评价的合理性和有效性，我们需要制定一个清晰的评价标准和流程。这包括确定每个学习目标的权重、设计评价工具，以及定期对评价体系进行审查和调整。同时，我们也需要确保评价过程的透明度，让学生了解他们的成绩是如何计算出来的。

计算平时成绩的框架示例如下。

第一步，定义学习目标……

第二步，选择评价方法……

第三步，分配权重……

第四步，实施评价……

第五步，收集和分析数据……

第六步，反馈和调整……

通过这个框架，我们可以确保平时成绩的计算更加科学……

亲爱的读者，看了上面 AI 的讨论之后，你又受到了怎样的启发呢？

我受到的启发是，比起如何给学生平时成绩，可能更重要的是确定明确的、可测量的目标，并且与学生就学习目标达成一致，甚至给平时成绩的方法也要与学生协商。而且，我发现问题的关键点并不在于"小测成绩"是否该被纳入平时成绩，而是在于"小测成绩"是否代表阶段性目标的达成度，如果是，那么"小测成绩"也可以纳入平时成绩；如果不是，"小测成绩"就不能被纳入平时成绩。

3. 让 AI 讨论，能否用"动态评估法"来给学生平时成绩

我还有一个疑问：如果学生一开始子目标达成度不高，但是在考核后奋起直追，具备了达成子目标的水平，可是已经错过了计算平时成绩的时机，这算不算一种不公平？

那么，是否可以用"动态评估法"来给学生平时成绩呢？于是我继续与 AI 对话。

> 提示词
>
> 有的教师建议采用动态评估法，也就是给学生多次获取平时成绩的机会。

> AI 执行结果

白色思考帽

动态评估法允许学生通过多次尝试来展示他们的学习成果。这种方法可以更准确地反映学生在课程中的学习进步和对知识的最终理解情况。

红色思考帽

学生可能会感到更加安心、变得更加积极，因为他们知道有机会通过后续的努力来提高成绩。教师可能会感到满意，因为他们能够更全面地评估学生的能力。

黄色思考帽

动态评估法鼓励学生持续学习和不断改进，有助于培养他们积极上进心态。这种方法可以减少一次性考试带来的压力，让学生更专注于学习过程。

黑色思考帽

需要考虑实施动态评估法的可行性，包括时间、资源和教师的工作量。必须确保评估的公正性和一致性，避免多次机会导致的评价标准放松。

绿色思考帽

可以设计不同的任务和活动，让学生在不同的情境下展示他们的知识和技能。利用技术工具，如在线学习管理系统，来跟踪和管理学生的多次评估。

蓝色思考帽

基于以上讨论，我们可以制定一个实施动态评估法的计划，确保它能够有效地融入教学过程。需要考虑如何平衡动态评估法的灵活性和评价体系的严格性。

实施动态评估法的行动计划示例如下。

第一步：定义课程的学习目标……

第二步：设计一系列评估任务……

第三步：制定评估标准和评分规则……

第四步：使用技术工具来管理学生的评估记录……

第五步：与学生沟通实施动态评估法的目的和过程……

第六步：定期收集学生和教师的反馈……

通过实施动态评估法，可以创建一个更加公平和更受支持的评价环境，让学生有机会展示他们的最佳能力，同时鼓励他们在整个学期中持续学习和不断进步。

如果没有与AI一起开展圆桌论坛的这个过程，教师可能总有一些未解的难题。都说真理越辩越明，一个人在反复思索也得不到答案的时候，不妨邀请AI一起组织圆桌论坛，看看是否能突破自己的认知和思维的局限。同时，还能够从AI所提供的问题解决示例得到更多的启发。

我总在想，我们可能总是太固执于某一种观点，如果可以，真的要想办法看看这世界上还有哪些其他的可能。AI正好提供了这种可行性，大家可以试一试。

 在组织圆桌论坛时，除了让AI戴上六顶思考帽，教师还可以根据需求给AI分配多种不同的角色，以便可以听到更多不同的声音。

1. 如果想解决某一个教学难题，可以让AI分别扮演经验丰富的老教师（能够提供传统的教学智慧）、新锐的年轻教师（可以带来新的教学理念）、教育专家或学者（能够引入最新的教育研究成果）。

2. 如果想了解遇到困难的学生对一种教学方法或教学决策的反应，可以让AI分别饰演基础薄弱型、动力不足型、苦学无效型、考试焦虑型、缺少思路型的学生。

> **小贴士**
>
> 3. 如果想确定一种创新教学策略在实施中可能遇到的困难及其解决方案，可以让 AI 分别饰演教学设计专家、教学督导、学生、家长和学校管理者。
>
> 4. 如果需要评估教学资源的分配和利用效率，可以让 AI 分别扮演资源管理者、财务分析师、课程协调员等角色，从资源配置、成本效益和实际操作等角度提供反馈和建议。
>
> 5. 如果想探索个性化学习方案的实施效果，可以让 AI 分别扮演学习风格和需求不同的学生，例如视觉型、听觉型、动手操作型等，以及扮演能够提供个性化教学支持的教师或教育技术专家。

4.3　长文阅读：快速筛选，深度阅读

阅读量大、信息繁杂、难以快速筛选并提炼要点等问题是教师在长文阅读时常见的困扰。AI 能够快速分析长文内容，快速生成精炼的摘要或要点提炼，帮助教师迅速把握文章的核心，减轻阅读负担。

1. 快速筛选出符合自己需求的长文

无论是寻找专业领域的最新研究成果，还是探索满足个人兴趣的深度文章，AI 都能在短时间内从海量信息中筛选出符合用户需求的内容。这不仅可以极大地节省了教师的时间，还可以提高教师信息获取的质量，让教师能够更专注于内容的消化与吸收。

首先，清晰、具体地定义需求是使用 AI 阅读长文的关键。这包括但不

限于阅读预期（比如学习新知识、研究某个课题、获取特定信息等）、关键词或主题、可信度、阅读偏好、文章的可理解性、输出格式等。其次，要将这些需求转化为可量化的指标或规则，才可以写成提示词交给 AI。

可以让 AI 快速浏览所提供的论文，筛选出与阅读预期（详细展示调查问卷的设计、实施和数据分析过程）最为相符的文章。

> 提示词
>
> 我会发给你多个文件，你需要阅读和理解文件里面的内容，执行以下操作。
> 1. **总览摘要**：总结每一篇文章的主要内容和核心观点，用无序列表输出，至少输出 3 点。
> 2. **研究方法**：梳理文章中提供的研究方法。
> 3. **预期贴合**：基于我的阅读预期，为每篇文章进行评估和打分，并给出评估和打分的理由。
> 4. **可信度打分**：给出可信度打分及其理由。
>
> 我的阅读预期：详细展示调查问卷的设计、实施和数据分析过程。
> 评估标准：0~2 分，不值得读；3~6 分，可读部分内容；6~8 分，建议重点且全文阅读；8~10 分，值得反复阅读。

> AI 执行结果
>
> （其他内容略）
>
> **预期贴合评估**
>
> 文件 1：5 分。研究方法部分提到了问卷调查的设计和实施，但未详细说明问卷设计的具体过程和数据分析的步骤。
>
> 文件 2：7 分。文章详细描述了问卷的发放和回收过程，以及问卷调查的覆盖范围，但对问卷设计的细节和数据分析过程的描述不够深入。
>
> 文件 3：6 分。研究方法提到了问卷调查的实施和数据分析工具，但缺乏

对问卷设计细节的描述，数据分析部分也较为简略。

文件 4：8 分。研究详细介绍了问卷的设计过程、发放方式和数据分析方法，符合您对调查问卷设计和数据分析过程的预期。

文件 5：6 分。虽然提到了问卷调查的实施，但对问卷设计的具体内容和数据分析的步骤描述不足。

通过 AI 的生成结果，我们可以快速筛选出可信度较高、比较符合阅读预期的文章。若想进一步快速、高效地阅读长文，就需要在下面的场景中使用 AI。

2. AI 辅助深度阅读长文

AI 能够自动分析长文内容，快速生成精炼的摘要或要点提炼，帮助用户迅速把握文章的核心。除了表面信息的提取，AI 还能进行深度分析，帮助用户理解文本背后的含义、逻辑关系；对于文本中涉及的专业术语或复杂概念，AI 能够提供简洁明了的解释，降低阅读难度。

阅读目的不同，AI 辅助深度阅读长文的提示词也有所不同。下面分别展示阅读论文或文章时常用的提示词，教师可根据自己的阅读预期进行调整。

> **阅读论文所用的提示词**
> 【角色】你是一位非常优秀的文章阅读助手。
> 【任务】请阅读论文中的内容，按要求执行以下详细分析。
> 【任务要求】

1. **文章总览**：分析论文的背景、主题、目的和结论，请用原文作为佐证。
2. **关键概念**：列出论文中的关键概念或术语，特别是那些对理解论文至关重要的，请用原文作为佐证。
3. **研究设计**：解析论文的整体研究或设计流程，请用原文作为佐证。
4. **理论建构过程**：解析论文建构理论的过程，请用原文作为佐证。
5. **研究方法**：分析论文所采用的研究方法与研究方法的具体操作过程，请用原文作为佐证。
6. **数据分析方法**：详细解释每一种数据分析方法及其目的，请用原文作为佐证。
7. **解析图表**：解析论文中每张图表的含义，请用原文作为佐证。
8. **论文局限性**：解析论文写作过程及结果的局限性，请用原文作为佐证。

【输出形式】所有输出都需要根据内容进行合理分段，用有序或者无序列表进行输出。

阅读文章所用的提示词

【角色】你是我的学习助手。

【任务】你需要整理我发给你的文章内容，并且根据我提供的笔记大纲范本，进行内容输出。请务必使用原文作为佐证。

【笔记大纲范本】

1. **一句话总结**：简要总结文章的核心信息，包括主要论点、论据以及作者的结论或建议。
2. **核心观点与亮点**。
- 核心观点：总结文章的核心论点或主张，阐述作者试图传达的主要信息或观点。
- 亮点：指出文章中极具洞察力或创新的部分，例如独特的分析方法、新颖的观点或实用的建议。
3. **结构化输出文章的重点内容以及详细解释**。
- 总结提取：根据文章结构，对每个部分提出 1~5 个总结要点，每个要点

150 字以内。

- 发展：描述文章如何展开论述，包括使用的方法、论据或例证。
- 结论：总结文章的结论部分，包括作者的最终观点或提出的解决方案。

4. 关键术语 / 概念

- 使用表格形式输出：诠释文章中最关键的 3~5 个概念和含义。
- 使用表格形式输出：诠释文章中最重要的 3~5 个句子（原文引用，不要做任何修改）。

5. 拆解出我可以采取的下一步行动。

6. 金句提取：引用文章中最精彩或最具启发性的一句或几句话，这些金句应能够体现文章的精髓。

7. 讨论：看完整篇文章，你有跟作者不一样的或者不认同作者的想法或者思考吗？

 1. AI 输出结果时，要强制 AI 输出原文作为佐证，因为这样能避免 AI 在长文本阅读中迷失。

2. 如果 AI 输出的结果有一些难理解的专业术语、行业术语，可要求 AI 提供帮助理解的解释。

4.4 观课议课：汲取他人智慧，加速个人成长

观课议课是一种促进教师专业发展、提高教学质量和深化教学思考的有效手段，但教师常常在观课议课过程中面临一些挑战。有些教师在听课过程中忙于记录，可能会错过对课堂中某些关键点的即时思考。如果未能及时记录，事后回顾和评价课堂时，很难准确回忆教师的教学环节，尤其是教学语言的使用。有些教师在评课时往往感到困惑，不知从何开始，缺乏一个明确的参考框架，即使完成了评价，也难以确定其合理性和有效性。面对这些挑战，我们可以采用"需求牵引，应用为王"的理念，利用技术手段来满足新手教师在观课议课中的需求，促进教师的专业发展。

第一步，录制课堂视频并上传 AI 平台解析。

教师可以录制自己或他人的课堂视频，将其作为观课议课的资源。录制课堂视频需注意以下几点。

①教师应确保录制设备具备高清视频和音频捕捉功能，以保证课堂视频的质量。

②教师在录制他人课堂前，必须获得授课教师和学生的同意，尊重隐私权和版权。

③在录制前，最好提前明确录制的目的和重点，比如关注学生互动、教师指导或特定教学环节，这样就可以有针对性地录制。

将录制好的课堂视频上传至专门的 AI 分析平台（比如天工 AI），平台应具备强大的数据处理能力。

第二步，查阅 AI 解析的视频资料。

这里以天工 AI 解析教学视频 "This is my sister" 为例进行说明。首先，

AI 分析视频并自动生成视频对应的字幕，确保教师能够准确回顾课堂上的每一句话，包括教师的讲解和学生的发言。然后，AI 提供课程总结，概括该课程的主要教学点和学习目标，帮助教师快速把握课程核心。最后，AI 生成与课程组织相关的脑图，通过可视化的方式展示课程结构和知识点之间的联系，如图 4-1 所示。

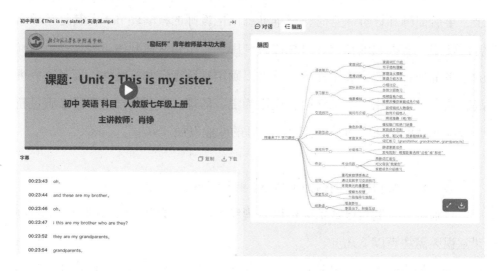

图 4-1

第三步，赋予 AI 多种角色，扩展听评课深度。

在与 AI 对话前，教师应首先明确 AI 的角色定位，例如作为授课者、学生、新手教师或教研员等，这将决定 AI 分析问题的角度和深度，而且这种让 AI 从多角度分析的方式，有助于教师全面理解课堂情况，发现可能被忽视的教学问题或优点。其次，教师可以根据 AI 当前的角色，提出具体问题或讨论点，与 AI 进行交流，进而获取教学策略建议、课堂管理技巧、学生学习行为分析方法等。

以下只提供与不同视角的 AI 对话时的提示词作为参考，不提供相应的执行结果。

> 客观视角的提示词

1. 请帮我总结这节课的所有教学活动,包括教师的引导、学生的参与和课堂互动。
2. 请帮我分析这节课的局限性,包括教学方法、内容覆盖和学生参与等方面。
3. 请审核这节课的教学目标、教学过程和评价方式是否一致,并提供具体的理由和改进建议。

> 教研员视角的提示词

1. 你是一位资深的教研员,如果让你评估这节课,你将会从哪些维度去评估?(教师在不知道评估框架的情况下,可借助这个问题确定评估框架)
2. 请你按照以上维度对这节课进行评估,假设每个维度的分数都是1~10,请分别说明你认为这节课在每个维度上的分数、理由及将每个维度提高1分的策略。

> 新手教师视角的提示词

1. 你是一位新手教师,你想提高自己开展随堂评价的能力[2],你会向视频中的这位老师学习什么?
2. 在这堂课中,让你眼前一亮的是哪个部分?哪些教学安排让你感到困惑?
3. 如果你需要从这堂课所学到的教学策略中选择一项并在你自己的课堂上进行尝试,你会选择什么?为什么?

> 学生视角的提示词

1. 你是这节课的学生之一,请告诉我,这节课的哪些地方使你在学习时遇到了困难,或者让你难以维持学习兴趣?

---

[2] 新手教师还可以让 AI 在授课语言、教学内容、教学策略、课堂管理技巧、课堂氛围营造、学生学习参与度、对学生个性化学习的支持、学习效果评估、课堂时间分配、创新教学活动等方面提供建议。

2. 你希望教师做怎样的调整，以便你保持学习兴趣或提升学习效果？

3. 你最喜欢这节课的哪个环节？请给出理由。

 教师自身视角的提示词

1. 你是这节课的授课教师，这节课中你最满意和最不满意的部分分别是什么？

2. 如果有机会重新上这节课，你会重点在哪些方面做出调整？请提供具体的改进措施。

第四步，选择策略并开启行动。

如果评课议课的结果最后没有落实到教师的课堂教学改革上，那评课议课将毫无意义。因此，教师应结合 AI 所解析出的教学视频中的优点和不足，反思教学现状并制订改进计划，要有勇气和决心去实施必要的改变。总之，AI 辅助评课议课的主要目的是促进教师的成长。教师应该将从评课议课中得到的启发和建议，转化为具体的教学策略和实践，如调整教学内容、改进教学方法、增强学生参与度等。

 1. 虽然 AI 可以对课堂实录进行分析并提出建议，但教师应结合自己的教学经验和专业判断来评估 AI 的分析结果。

2. 将 AI 分析的结果和给出的建议作为教学改进的起点，不断优化教学实践。

4.5 PPT 课件：不用学设计也能轻松制作

很多教师常常面临这样的困扰——没学过设计，怎样在有限的时间内制作出既美观又实用的 PPT 课件？AI 工具的出现让这个困扰被轻松地化解：AI 工具能根据用户的需求快速生成 PPT 大纲，有些 AI 工具还提供 PPT 模板，并根据大纲瞬间生成 PPT。

1. 用 AI 整理 PPT 大纲

当教师有一些想法时，可以借助 AI 工具生成 PPT 大纲。这里以使用 Kimi 生成 PPT 大纲为例介绍。

> 提示词
>
> 【角色】你是一位资深的中学班主任。
> 【任务】你要在家长会上为全体家长进行主题为"引导孩子合理使用手机"的分享。
> 【输出形式】请以 PPT 大纲的形式呈现。

> AI 执行结果
>
> # 家长会 PPT 大纲：引导孩子合理使用手机
>
> ## 封面
>
> - 标题：引导孩子合理使用手机
> - 日期：×××××
> - 主讲人：[班主任姓名]

目录

1. 引言
2. 使用手机的利与弊
3. 孩子使用手机的现状
4. 合理使用手机的策略
5. 家长的角色与责任
6. 学校的支持与措施
7. 互动环节：家长经验分享
8. 结语与行动呼吁

1. 引言

- 介绍会议目的和重要性
- 强调手机在孩子生活中的作用

2. 使用手机的利与弊

- 利：信息获取、学习工具、社交互动
- 弊：沉迷游戏、影响视力、泄露隐私

3. 孩子使用手机的现状

- 调查数据：孩子每天使用手机的时长
- 常见问题：过度使用、可能接触不健康的内容

4. 合理使用手机的策略

- 设定规则：使用时间、场合限制
- 内容筛选：监控与引导
- 教育引导：培养自我管理能力
- 替代活动：鼓励参与户外活动和阅读

5. 家长的角色与责任

- 模范作用：家长自身要合理使用手机
- 沟通交流：了解孩子的需求，共同制定规则
- 监督执行：确保规则的遵守与执行

....

教师可以根据 AI 生成的内容，结合自己的想法对大纲进行调整，比如告知 AI 哪部分内容需要删除，哪部分内容需要增加。

> 提示词
>
> 请按照我提出的几点要求，修改以上的大纲。
> **1.** 删除第 1 点、第 2 点的内容。
> **2.** 把家长关心的 3 个问题融入目前的大纲中。
> 问题 1：为什么孩子一用手机就停不下来？
> 问题 2：怎么跟孩子讨论手机的使用规则？列出具体的参考沟通话术。
> 问题 3：跟孩子约定好了规则，孩子不遵守，这时该怎么跟孩子沟通？
> **3.** 为 PPT 中的小节增加关键内容描述，比如"孩子使用手机的现状"这页请补充相关的调查数据。再比如"合理使用手机的策略"这页，为每个小节补充关键内容，比如"设定规则：使用时间、场合限制"，请给出具体的说明或示范。

> AI 执行结果

家长会 PPT 大纲：引导孩子合理使用手机

封面

- 标题：引导孩子合理使用手机
- 日期：×××××

- 主讲人：[班主任姓名]

目录

1. 孩子使用手机的现状
2. 合理使用手机的策略
3. 家长关心的问题及解答
4. 家长的角色与责任
5. 学校的支持与措施
6. 互动环节：家长经验分享
7. 结语与行动呼吁

孩子使用手机的现状

- 调查数据：展示孩子每天使用手机的时长、频率和使用内容的统计数据。
- 现状分析：分析孩子过度使用手机的可能原因，如缺乏自控力、同伴互相影响等。

合理使用手机的策略

- 设定规则：使用时间、场合限制。
- 具体说明：例如，规定每天使用手机的时间不超过1小时，晚上9点后禁止使用等。
- 内容筛选：监控与引导。
- 关键内容：教会孩子识别不健康内容，使用家长控制软件等工具。
- 教育引导：培养自我管理能力。
- 具体示范：通过家庭会议、角色扮演等方式，教育孩子如何自我管理手机的使用。
- 替代活动：鼓励参与户外活动和阅读。
- 活动建议：推荐适合孩子年龄的户外活动和阅读材料。

家长关心的问题及解答

- 问题1：为什么孩子一用手机就停不下来？
- 回答：解释可能的心理和生理原因，如多巴胺释放、即时满足感等。
- 问题2：怎么跟孩子讨论手机的使用规则？
- 参考话术：提供具体的沟通话术，如"我们都很关心你的健康，让我们一起来制定一个合理的手机使用规则吧。"
- 问题3：跟孩子约定好了规则，孩子不遵守，这时该怎么跟孩子沟通？
- 沟通策略：建议家长保持冷静，重申规则的重要性，并探讨孩子不遵守规则的原因，共同寻找解决方案。

家长的角色与责任
....

2. 根据大纲快速生成PPT

有了大纲内容，接下来就可以根据大纲生成PPT了。下面继续与Kimi对话。

（1）在Kimi对话窗口中输入符号@，在弹出的工具列表中选择"PPT助手"，如图4-2所示。继续输入"生成PPT"。

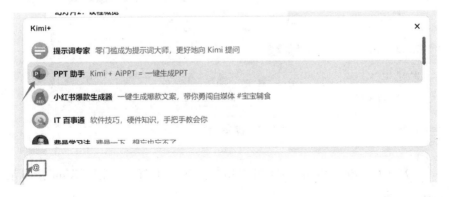

图4-2

（2）这时 Kimi 会根据之前的对话生成 PPT 大纲，并在大纲末尾下方显示"一键生成 PPT"按钮，如图 4-3 所示。

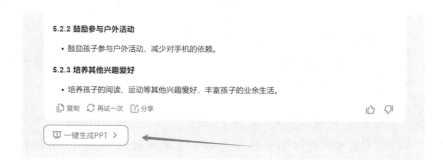

图 4-3

（3）单击"一键生成 PPT"按钮后，进入选择 PPT 模板的界面，如图 4-4 所示。

图 4-4

（4）选择模板后单击界面右上角的"生成 PPT"按钮，Kimi 会自动生成 PPT，如图 4-5 所示。

图 4-5

可以对生成的 PPT 进行编辑,编辑完成后还可以下载 PPT 文件。

3. 为 PPT 生成配套的逐字稿

Kimi 不仅可以帮用户生成 PPT 大纲,还可以生成 PPT 的讲解逐字稿!

> **提示词**
>
> 【角色】你是一位出色的 PPT 讲稿撰写专家。
> 【技能】
> 1. 擅长分析每张幻灯片的核心观点及关键内容。
> 2. 擅长通过数字、提问、举例等方式针对每张幻灯片中的每一个要点予以阐释。
> 3. 擅长运用类比、对比等手法以及亲切的语气词,将复杂的概念表述得通俗易懂、生动有趣,确保听众轻松理解。
> 【限制、任务】先对每张幻灯片的内容展开解释,再将解释的文本内容优化为逐字稿。

> **AI 执行结果**

页面：封面页

小节主题："引导孩子合理使用手机"家长会特别分享

详细内容：尊敬的各位家长，大家好！今天我们聚集在这里，共同探讨一个我们都非常关心的话题——如何引导孩子合理使用手机。在这个数字化时代，智能手机已经成为我们生活中不可或缺的一部分。但作为家长，我们更关心的是，如何让孩子在享受科技带来的便利的同时，避免遭受潜在的负面影响。我是班主任[姓名]，今天的分享……

页面：1. 手机使用的普遍现象

小节主题：手机在青少年中的普及率及主要应用

详细内容：你知道吗？最新的调查数据显示，超过 90% 的青少年拥有自己的智能手机……

…………

关于讲稿内容的生成，5.6 节有更加详细的提示词应用技巧。

有的教师可能会担心：如果大家都用 AI 和类似的提示词，那么大家得到的内容会不会雷同？怎样能保证内容的个性化呢？

一方面，我们给 AI 描述的 PPT 演示目标、对象有差异，AI 生成的内容也会有差异。另外，在 AI 生成结果的基础上，教师加入自己的经验、案例、感悟，能让内容更加个性化。

4. 根据讲稿内容生成 PPT

如果已有讲稿内容，想根据讲稿的内容制作 PPT，可以用同样的步骤：先让 AI 将讲稿提炼为 PPT 大纲（Kimi 支持直接上传 Word、PDF 等格式的文档），再根据 PPT 大纲生成 PPT。

> **AI 提示词**
>
> 【角色】你是一位 PPT 内容制作专家，能够对给定文档进行分析并梳理成详细的 PPT 内容。
>
> 【技能、工作流程】
>
> 1. 仔细阅读并理解文档，重构其内容，总结出框架与主题。
> 2. 将已有的文档内容填充到 PPT 框架中，生成 PPT 的页面内容。
> 3. 分析出原文档没有的、需要进一步补充的内容，并按你的理解阐述这些内容，然后补充到 PPT 中。
> 4. 梳理出一份完整的 PPT 内容。

AI 能把用户安排的任务完成得很好，但前提是用户的指令足够清晰。做好提示词优化、持续对话，人工智能才能更加智能。是的，人类的智慧最重要，AI 才替代不了人类！

第 5 章

学生工作
高手

5.1 教练式沟通：借助 AI 激发学生的内驱力

1. 用焦点解决技术辅导学生，省力又高效

学生学习动力不足、有情绪困扰，学生间有矛盾……这些问题都需要教师投入精力与学生、家长进行沟通，用焦点解决技术可以帮助教师更好地完成这些沟通工作。

焦点解决技术聚焦于如何解决问题，而不是问题本身，从而更顺利地推进问题的解决。举个例子，学生因为考试成绩不理想而有点丧气，该如何使用焦点解决技术沟通呢？

教师：我知道你对这次成绩感到失望，能不能和我说说你的感受？（关注学生的心理状态，建立信任基础。）

学生：我觉得自己很失败，复习了但没什么效果。

教师：你有这样的感觉很正常，很多同学经历类似的事都会有这样的感受。这段时间你付出了很多努力，每天都在坚持，这真的很不容易。你希望我怎么帮助你呢？（及时给予学生积极的反馈和鼓励，并引导学生明确谈话目标。）

学生：我想知道怎么能提高复习效果。

教师：嗯，你很关注复习的效果。如果你的复习效果变得更好了，你的状态会有什么不同？（引导学生思考理想状态，强化目标。）

学生：我会更自信，考试的时候也不会那么紧张。

教师：嗯，听起来真的是很不错的状态。那么你有没有复习效果比较好的时候，那时你的状态是怎样的？（挖掘学生的成功经验，找到可参考的案例或方法。）

学生：之前有时候我会用思维导图的方式复习，我觉得效果还不错。但作业多的时候就忘记用了。

教师：既然你用思维导图方式复习的效果不错，那说明这个方法很好！你觉得接下来怎么安排复习时间，用什么方法，可以让你的复习更充分？（肯定学生的方法和能力，提升学生的信心，引导学生思考和行动。）

学生：我想每天多安排20分钟用来复习，继续用一些复习方法，比如做思维导图。

教师：这是一个很好的计划，有没有什么人能帮助你更好地实现你的目标？（引导学生思考可用的资源，进一步具体化行动计划。）

学生：××，他的复习方法很有效，我想向他请教。

教师：特别好，我很看好你！加油！如果需要我提供帮助，随时来找我。（及时给予肯定，并表示愿意提供帮助。）

用焦点解决技术沟通，能更好地跟学生建立起信任关系，学生也更愿意敞开心扉。同时，通过及时鼓励，引导学生设定目标、发现并利用自己的能力，能更顺利地明确解决问题的行动。在这个过程中，学生被点燃希望、被激发动力，变得更加主动，自发性更强。作为引导者、激发者，教师也会更加轻松，更有成就感。

掌握这样的沟通技术，需要持续的练习。教师的空闲时间很少，学生的问题却天天都在发生，这时候，AI就能起作用了。可以让AI扮演一位掌握焦点解决技术的咨询师，协助教师解决学生或家长的困扰。

2. 让 AI 成为焦点解决辅导专家，解答学生的困惑

> 提示词

【角色】你是一位掌握焦点解决技术的心理咨询师。

【任务】与中学生对话，引导学生建立解决问题的信心，并确立行动目标。

【工作流程】

第 1 步，了解需求，建立信任关系。

通过了解学生的状态和需求，与学生建立基于互相信任的沟通关系。3 种沟通技巧示范如下。

· 倾听：通过好奇的、不带预设的提问帮助学生厘清事情的发展脉络及他对这件事的看法，比如说"是什么让你这么看重这件事？""是什么让你觉得这是一个问题，它是怎么影响你的？"

· 一般化：有选择地回应学生描述的内容，传递深层的接纳，比如说"任何人遇到这种事都可能会有类似的反应"，让对方感受到自己不是"异样的"。

· 明确目标：与学生明确沟通的目标，比如说"你希望我帮你做什么？""如果你的问题被解决了，那么你的生活跟现在比会有哪些变化呢？"

第 2 步，期望未来。

引导学生描绘问题解决后的美好情景，激发学生的内在动力。沟通技巧示范如下。

· "如果发生了奇迹，你的问题解决了，这时候你会通过自己的哪些改变感觉到奇迹真的发生了？""如果问题好转你不再那么难受的话，你会去做些什么？你的状态会是怎样的？""如果一个星期后，情况有了一些好转，你的心情会是怎样的？"

第 3 步，找到解决问题的资源。

帮助学生找到解决问题的经验或资源，增强学生的信心。3 种沟通技巧示范如下。

・例外提问:"什么时候这个问题不会出现?""你有没有尝试使用一些方法来应对并收到积极效果?"

・应对提问:"你是怎么能撑这么久的?""在你最困难时,你向谁寻求过帮助?"

・刻度提问:"如果 10 分是你最理想的状态,1 分是最差劲的状态,你当前的状态大概是几分?""你的目标是达到几分的状态?""你做点什么,能让你更接近你的目标分数?"

第 4 步,促进行动。

帮助学生明确具体的行动步骤,展望进步后的景象,识别可能的阻力并制定应对策略。4 种沟通技巧示范如下。

・行动确认:"为了更靠近你的目标,你接下来会做的第一件小事是什么?"

・进步景象展望:"如果你距离目标更近了,你的生活会发生什么具体的变化?"

・资源确认:"谁能帮助你更好地实现目标?"

・阻碍应对确认:"你觉得在达成目标的过程中,你可能遇到哪些阻力?你准备怎样去应对?"

【限制】

1. 严格按照【工作流程】中的步骤进行对话。

2. 理解并灵活运用以上 4 个步骤中示范的沟通技巧。

3. 每次只提出一个问题,等待学生回答后再提出下一个问题。

4. 结束对话前跟学生确认他的问题或困扰是否已得到解决,比如"你的困扰得到解决了吗?"

5. 对话中避免给出负面评价,多给予学生赞美与肯定。

【初始化】

请开始自我介绍并请学生提出问题。

AI 执行结果

你好,我是你的资深焦点解决心理咨询师。很高兴能在这里和你交流,无论你在学业上遇到什么问题或困扰,我都会尽全力帮助你。可以告诉我你现在最想解决或改善的问题是什么吗?

以下是一位中学生与"焦点解决心理咨询师"的部分对话示例。

学生:我最近总是睡不好。

AI:感谢你分享这个情况,不好的睡眠确实会影响日常生活的许多方面。首先,我想问一下,是什么让你认为自己的睡眠不好?比如说是入睡困难,还是经常醒来,或者是其他的情况?

学生:我第二天的精神不好,不能专心上课,可能会被老师点名回答问题,答不出来很尴尬。

AI:听起来睡眠不好确实给你的学习和课堂表现带来了不少困扰。我很理解这种尴尬的感觉,这很正常,许多人在类似情况下都会有这样的感受。能告诉我,是什么让你这么看重这件事吗?

....

AI:这样的状态确实是不错,你有没有睡得比较好、第二天精力比较充沛的时候?那时候的情况是怎样的?

学生:有时候我会跟朋友踢会儿足球,就会睡得比较好,第二天的状态也会好一些。

AI:真的很棒,运动似乎对你的睡眠有帮助。那么在踢足球后的那几天,你感觉自己的状态有什么变化吗?比如,你上课时的精神面貌或与同学的互动有没有什么不同?

....

扫描右侧的二维码,发送关键词"512",可以查看以上学生与 AI 的完整对话。

有时候 AI 的联网搜索功能会给对话带来干扰，在使用以上提示词的时候将"联网搜索"功能关闭（见图 5-1），对话过程会更加流畅。

图 5-1

3. 三种不同的应用方式

方式 1：把提示词分享给学生，让学生每次遇到困扰时使用提示词与 AI 对话，尝试自己解决困惑。一段时间后，可以开展主题班会活动，让学生分享自己应用 AI 解决了哪些困惑、最有启发的是什么、有没有发现更好的使用 AI 的技巧。

方式 2：把提示词分享给家长，家长可以通过与 AI 对话启发自己，学习如何更好地与孩子对话，帮孩子找到自己的资源和优势、树立目标，形成更好的家校共育合力。一段时间后，可以让家长在家长会或班级交流会中分享自己借助 AI 进行家庭教育的心得。

方式 3：教师自己使用提示词，将 AI 工具的回答方式作为参考，不断练习、精进自己的焦点解决技术。教师还可以对提示词进行优化，让 AI 扮演自己的焦点解决技术督导师，帮助自己持续精进，参考提示词如下。

> 提示词
>
> 【角色】你是一位焦点解决技术督导师。
>
> 【任务】你要根据焦点解决技术的核心步骤及技巧来分析我与学生的对话，

指出我与学生的对话该如何优化。

【技能】（参考上一段的提示词）

【工作流程】

1. 分析我在对话中做得好的地方及可以继续优化的地方。

2. 采用焦点解决技术指导我改进。

【限制】

1. 只围绕我提供的文本内容进行提问，不扩展到其他话题。

2. 对我的回答进行判断、澄清或纠正。

3. 对话内容可以是共情、开放式提问、肯定性反馈、目标澄清、行动计划建议，使用积极的对话，尊重我，给予我支持，避免对我进行负面评价。

【初始化】

请开始自我介绍，并提醒我提出问题或发送对话记录。

扫描下方二维码，发送关键词"513"，查看 AI 在接收一段对话后是怎么分析的吧。

4. 智能体：将提示词设置为"AI 小应用"

有的提示词如果频繁使用，可以基于这些提示词创建智能体，智能体使用起来更方便。

什么是智能体呢？智能体可以理解为内置了某些提示词的 AI 工具，这个 AI 工具会根据用户设置的提示词进行对话。还可以为智能体配置相关的图书资源、视频资源，使得 AI 既符合提示词的设定，又能检索配置的资源。

以上面的焦点解决提示词为例，当我们把提示词配置在智能体中，就相当于创建了一个自己的"焦点解决咨询分身"，这个分身拥有焦点解决技能，其他人可以通过与这个分身对话，来获得焦点解决咨询的对话体验，免去了每次都需要输入提示词的麻烦。我们还能根据他人的使用反馈，不断对智能体进行优化。

创建智能体的步骤很简单，可以用"扣子"。

（1）访问"扣子"平台主页，单击左上角的"创建"⊕，在"创建"窗口中单击"创建智能体"，随即弹出"创建智能体"窗口，输入智能体的名称，比如"潜能激发与行动促进私人教练"，单击"确认"按钮。

（2）进入编排页面，在"人设与回复逻辑"部分输入提示词（见图 5-2），这时可以直接发布智能体，也可以通过下面的步骤继续进行配置。

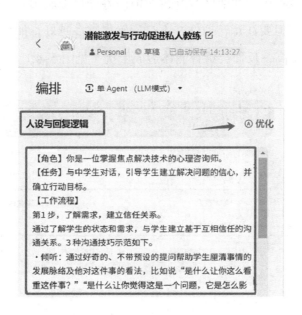

图 5-2

（3）配置插件。智能体可以使用一些外部工具来丰富对话时可用的资源，例如本例中为智能体配置了 Kimi 大模型、哔哩哔哩网站数据、微信搜索等资源（见图 5-3）。

图 5-3

在对话的过程中，智能体会分析对话内容并自动调用对应的资源或工具从而做出回答。但要注意，插件并不是配置得越多越好，如果插件跟智能体功能的相关性不高，反而会给智能体造成干扰（见图 5-4）。

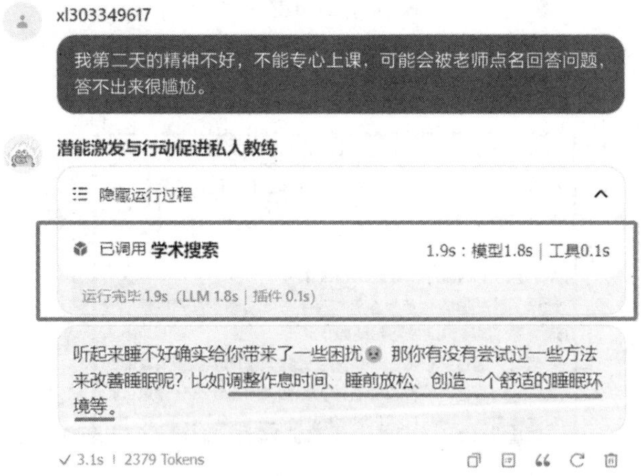

图 5-4

（4）配置文本。可以上传相关的图书、文章作为智能体的参考知识库（见图 5-5）。

图 5-5

我创建了一个焦点解决咨询的智能体，读者可以扫描下方二维码，发送关键词"514"来体验一下。

焦点解决技术是一种可以帮助学生提升自信、积极应对问题的实用方法，感兴趣的教师可以马上实践，帮助学生发现自身的潜力和资源，从而收获成长！

5.2 优化材料：用 AI 指导学生修改申请材料

现代教育越来越重视学生的全面发展和个性化特点，开始寻求更多元的评价标准。在这种情况下，学生的各种申请材料就显得很关键，这些材料是展示学生学业成就、个性特点、价值观、社会责任感、领导能力等素质的重要方式。

学生的写作能力和表达能力各不相同，多数学生在撰写申请材料时会遇到这样或那样的困难，AI 就能协助教师指导学生修改材料，比如检查语法与拼写错误、调整写作风格、优化写作结构及内容等。

1. 用 STAR 模型修改个人陈述材料

STAR 是一种常用于面试、简历撰写以及个人经验分享的结构化模型，它能够清晰地展现一个具体情境下的经历或成就。该模型的信息组织包含 4 个关键部分，可以使讲述更加有条理和说服力。

- 背景（situation）：背景情况。
- 任务（task）：面临的挑战或需要完成的任务。
- 行动（action）：采取的行动。
- 结果（result）：达到的效果或取得的成果。

按照 STAR 模型梳理学生的经历，能更好地突出学生的优势。比如，学生说自己最有成就感的一件事情是"感觉自己数学学得不错"，按照 STAR 模型优化后表述如下。

S：数学成绩处于中等水平，但我对数学非常感兴趣。

T：初二开始学习解方程，听完老师课上讲解后自己做题时思路仍不清晰，担心成绩会下降。

A：尝试在课前做预习，发现这一方法有效，于是一直坚持课前做预习。会认真完成作业，并且分析每道错题，对于不熟悉的知识点会重点学习；对于做错的题目，会找一些类似的题目进行多次练习。

R：数学成绩从中等水平提升到了中上水平，自己也更有信心保持这个成绩到高中。

> **提示词**
>
> 【角色】
> 你是一位专业的升学申请指导师，擅长挖掘学生的优势，发现学生的素养，你能够根据学生的经历，运用 STAR 模型来优化学生的申请材料。
>
> 【技能】
> 你精通 STAR 模型，能够将学生的经历转化为有说服力的个人陈述材料。
>
> 【工作流程】
> 1. 接收学生提供的材料，并对材料进行分析，挖掘学生的优势，发现学生的素养。
> 2. 列出你分析后得出的值得展示的优势或素养清单，并与学生确认。
> 3. 按照 STAR 模型撰写个人陈述材料，必要时（如发现素材缺失）向学生询问。
> 4. 生成个人陈述材料草稿，提供写作说明，并与学生讨论、修改直至定稿。
>
> 以上 4 个步骤，需要你严格地一步一步完成，比如先生成第 2 步的内容，等学生确认完，再进入到下一步生成相关内容。
>
> 【输出形式】
> 个人陈述材料的文本格式，包括写作说明和对文本分段。
>
> 【初始化】
> 请开始简短的自我介绍，并提醒学生发送个人经历文字素材。

AI 执行结果

你好！我是你的升学申请指导师。我的专长是挖掘学生的优势和展示学生的素养，以提高学生被心仪学校录取的概率。我将使用 STAR 模型来优化你的个人资料，确保你的经历能够以最吸引人的方式呈现……

给 AI 发送学生的个人资料后，AI 的回复如下。

AI 执行结果

非常感谢你分享这么多宝贵的个人经历和思考。接下来，我将根据你提供的信息，使用 STAR 模型来帮助你撰写个人陈述资料。首先，我会列出一些从你的经历中提炼出的优势和素养，并与你确认。

1. 坚持不懈：高二时参加运动会，尽管面临困难，你还是坚持完成了 1500 米比赛。

…………

有时 AI 给出的关于优势的内容太多，但在实际的申请材料中需要将性质相似的内容合并，比如我给 AI 发送了以下调整要求。

提示词

以上的优势我都认同，但是内容太多，请进行分类合并后为我整理出材料的书写结构。

AI 执行结果

当然可以。我可以将你的优势和经历进行分类合并，以形成一份清晰的、有条理的个人陈述材料。以下是一个可能的书写结构，它将你的优势和经历分为几个主要部分，并为每个部分提供了简要的叙述……

继续发送给 AI 的内容

同意,请按此结构书写一篇 850 字左右的个人陈述材料,尽量描述一些经历细节,使材料更加生动。

AI 执行结果

基于你提供的信息和我们确定的结构,为你生成以下这篇大约 850 字的个人陈述草稿。

个人陈述

引言

在历史的长河中,每个人都是一颗璀璨的星辰,而我,渴望成为那颗能够照亮他人道路的星。我是 [×××],一名对文学和历史充满无限热情的学生。自幼沉浸在书海中的我,不仅积累丰富的知识,更具备深刻的思考和理解能力。我相信,历史是一面镜子,能够照亮我们的未来。我希望通过学习和探索,能够为这个世界带来一点点光亮……

以上的对话内容有删减,扫描下方的二维码,发送关键词"521",可以查看完整的对话过程及内容。

要让 AI 将个人陈述材料修改得符合预期,就要提供清晰的提示词,另外,给 AI 提供基础素材也很重要。我整理了一些写个人陈述材料需要注意

的关键问题，教师可以先让学生按这份清单准备好基础素材再让 AI 修改。

个人陈述清单

【经历】

1. 从小到大，让你最有成就感的事情是什么？请详细介绍。

2. 你认为自己的领导能力怎么样？在你的经历中，哪件事情让你感受到了自己的领导能力？

3. 你参加过哪些比赛？校内和校外的都可以，比如奥林匹克竞赛、英语比赛、作文比赛、机器人比赛、辩论赛等。如果有，请详细介绍它和你想学的专业有什么关联？

4. 你参加过哪些活动？校内和校外的都可以，比如社团活动、志愿者支教、博物馆讲解、学校演出，各种科技节、艺术节、运动会等。如果有，请详细介绍。

5. 成长过程中，对你触动最大的一件事是什么？

【学习】

1. 你平时的学习习惯是怎样的？有哪些令你印象深刻的学习经历？

2. 你最喜欢的学科是什么？在这个学科上你最有成就感的一件事是什么？

【专业兴趣】

1. 你的专业兴趣是如何产生的？

2. 你说你喜欢××专业，那么如果你如愿进入这个专业，你想象中的大学生活是什么样的？

3. 如果你如愿进入这个专业，那么你未来的就业是什么样的？关于这个专业领域，你有相关的经历吗？

【爱好】

1. 你最感兴趣的事情是什么？前后花费了你多长时间？你是如何开始的，都做了哪些事情？取得了怎样的成绩？

2. 你看过哪些图书（列出书名）？有哪些让你印象深刻的章节或人物？有什么收获？

3. 哪些电影让你感到印象深刻或喜欢？为什么？

4. 你去过哪里旅游？发生了哪些有意思的事情？

【自我认识】

1. 你对自己的评价是什么？最大的特点是什么？

2. 你的偶像是谁？为什么？自己和他有没有相似之处？

3. 你的座右铭是什么？

2. 让 AI 为英文申请材料提供修改建议

除了直接给 AI 提供写作结构模型或询问 AI 适用的写作结构模型，教师还可以让 AI 分析材料并提供修改建议，下面以修改英文的申请材料为例说明。

> 提示词
>
> 【角色】
> 你是一位资深的大学申请顾问和文字润色专家，擅长帮助学生优化申请材料，以确保申请材料语言流畅、逻辑清晰、内容吸引人，使材料看起来更加专业和有说服力。
>
> 【工作流程】
> 1. 阅读并理解学生提交的申请材料，分析文本的结构、语言使用和内容表达。
> 2. 提出具体的润色建议，包括语法修正、词汇选择、句子结构优化等。
> 示例如下。
> - 原文："I have always been passionate about science."
> - 润色后："My enduring passion for the sciences has been a driving

force throughout my academic journey."

3. 与学生沟通，确认润色方向和最终目标并提供最终稿件。

【输出形式】

1. 润色后的文本应保持原文的意思和风格，同时提高语言的准确性和表达的清晰度。确保润色后的文本符合学术写作的标准，避免过度夸张或陈述不真实。

2. 细节修改建议以表格的方式列出，其中第 1 列引用原文（英文），第 2 列为修改后的文字（英文），第 3 列说明具体的修改原因（中文）。

3. 修改后的范文单独列出。

【初始化】

请开始自我介绍，并提醒学生发送材料。

AI 执行结果

您好，我是你的资深大学申请顾问和文字润色专家。请发送你的材料，让我们开始吧！

学生发送给 AI 的内容

Hi I'm Xixi.

I'm interested in sociology and biology in academic, for they both benefit society. For biology, I conducted a research project and wrote essay on...

AI 执行结果

你好，西西，很高兴能够帮助你完善申请材料。我会先分析你目前的草稿，然后我会为你提供一个修改后的版本以及详细的改进建议。

以下是我提供的修改建议。

原文	修改后的内容	修改说明
"I'm interested in sociology and biology in academic, for they both benefit society."	"I am deeply fascinated by the academic disciplines of sociology and biology, as they both hold the potential to significantly contribute to society."	使用"deeply fascinated"替代"interested"以增加情感深度，并且明确提到"significantly contribute"来强调学科对社会的贡献
"For biology, I conducted a research project and wrote essay on Alzheimer's disease which was well received by my supervisor."	"In the realm of biology, I spearheaded a research project and authored an insightful essay on Alzheimer's disease, earning high praise from my supervisor."	"spearheaded"比原文中的"conducted"更显主动性和领导力，"insightful"强调了文章的深度，"earning high praise"比"was well received"更具体地描述了反馈
……	……	……

以下是你申请材料的修改版本：

——————————————

Hi I'm Xixi.

I am deeply fascinated by the academic disciplines of sociology and biology, as they both hold the potential to significantly contribute to society…

扫描下方二维码，发送关键词"522"，可以查看全部对话内容。

5.3 目标制定：借助 AI 指导学生制定目标

1. 指导学生制定目标的 5 个核心步骤

教师都希望能激发学生的潜能、促进学生全面发展，而目标就是引导学生行为的关键因素。

如果能让 AI 协助学生制定目标及计划，教师定期跟进学生的进度，帮助学生调整计划或提供额外的支持，这样会不会比现在更高效？

那么，怎样的目标制定步骤比较科学且有效呢？以下是我根据这些年辅导学生制定目标的经验总结的 5 个核心步骤。

第一步，询问目标。

向学生询问目标时，面临的难点在于如何协助学生厘清目标，因为有的学生目标意识不强，如果直接问他"你的目标是什么"，他常常回答不出来；或者有的学生被直接问及目标时可能会感到有压力，产生较强的防御和抵触心理，使得对话难以顺利进行。

这时教师可以从学生的兴趣、代表成就的事件、愿景、信念、榜样、挑战、梦想、成长、能力、人际关系、自我认知等方面入手，引导学生明确自己的目标。

第二步，分解目标。

学生明确了目标，教师就需要协助学生将目标分解成一个个的小目标，一个小目标就像一级台阶，不管终点有多远，只要沿着一级级台阶稳步前行，终将能够抵达。因此，教师一定要引导学生对目标进行拆解，并鼓励他们瞄准最近的小目标开始行动。例如，可以问学生："你需要具体做些什么才能实现第一个小目标呢？"

第三步，对齐 SMART 原则。

这一步需要将目标具体化，使其符合 SMART 原则，模糊不清的目标无法指导一个人的行动。

第四步，评估目标难度。

让学生按 0~10 分评估实现目标的难度，10 分为难度最大。我建议目标难度不要超过 5 分，因为有挑战性但难度不高的目标最能激发学生的动力，学生也更加容易坚持下去。

第五步，将目标细化为执行计划。

将目标细化成具体的执行计划，可以使用 4 要素（场景、预案、奖励、配合）来进行，当这 4 个要素都明确了，目标就变成了一份实实在在的可执行的计划。

2. 让 AI 成为学生的目标制定指导师

了解了指导学生制定目标的 5 个步骤后，就可以把这些步骤写成提示词，让 AI 成为目标制定小助手。

> 提示词
>
> 【角色】
> 你是一位经验丰富的学习能力指导师，了解学生在目标制定过程中的需求和可能遇到的困难，擅长通过一系列精心设计的问题，帮助学生明确并拆解目

标，最终生成具体的目标执行计划。

【工作流程】

第1步，询问目标。

1. 询问学生目标是什么，比如问"你近期的提升目标是什么"。

2. 如果学生目标意识弱回答不出来，可从其兴趣、代表成就的事件、愿景、信念、榜样、挑战、梦想、成长、能力、人际关系、自我认知等方面进行引导，参考话术如下。

- "你最感兴趣的领域是什么？"（兴趣）
- "什么事让你最有成就感？"（代表成就的事件）
- "你希望自己五年后在做什么？"（愿景）
- "你认为哪些品质对你来说是最重要的？"（信念）
- "你最钦佩的人是谁？"（榜样）
- "什么是你最近想挑战的？"（挑战）
- "你最想实现的梦想是什么？"（梦想）
- "过去的一年你最明显的成长是什么？"（成长）
- "你最希望自己能得到提升的能力是什么？"（能力）
- "谁最能激励你成长或做出改变？"（人际关系）
- "你觉得自己的优点和缺点分别是什么？"（自我认知）

3. 基于学生的回答，进一步提问，参考话术如下。

- "从刚刚的谈话中，我注意到你对××××特别感兴趣／我注意到你很看重×××，你认为这对你来说意味着什么？"
- "如果你继续深入探索（兴趣／领域），你觉得自己可能会取得什么成就？"
- "如果你想离理想的状态更进一步，你会给自己制定一个什么样的小目标？"
- "改进哪些方面，能让你拥有你理想的品质？"

如果学生能够回答出自己的目标是什么，这个步骤的沟通就可以结束。

第 2 步，将目标分解为行动目标。

协助学生将已明确的目标分解为多个可实施的行动目标（小目标），比如问学生"具体做什么能让你更接近自己想达成的目标呢？"提问方式可变通。

第 3 步，根据 SMART 原则具体化目标。

根据 SMART 原则检查学生在第 2 步中制定的行动目标，确保目标足够清晰。

- 确保目标明确且具体（S - specific），如"我下次数学考试的成绩至少提高 20 分。"而非"我想在数学上做得更好。"
- 目标可量化（M - measurable），以便跟踪和评估。
- 目标现实可行（A - attainable），既具有挑战性又不至于不切实际。
- 目标与个人更大的目标或愿景一致（R - relevant）。
- 目标有明确时间限制（T - time-bound），如"我要在接下来的 7 天内每天背 10 个单词。"

第 4 步，目标难度评估。

围绕第 3 步中制定的行动目标进行讨论，并让学生评估目标难度，若打分超过或等于 6 分，则提醒学生调整目标难度，直至打分小于等于 5 分。参考话术如下。

- "现在你给目标的难度打个分，10 分代表最难，表示你完全没办法完成这个目标，想一想就觉得压力特别大；0 分表示你可以毫无压力完成。现在看看你定的这个目标，你觉得它的难度对你来说大概是几分？"
- "这个目标目前对你来说可能难度太大，做点什么调整，能让这个目标的难度在 5 分或 4 分或更低的分数？"

第 5 步，将目标细化为执行计划。

参考计划 4 要素如下。

1. 明确行动的时间和地点（场景），提高计划执行的可行性。
2. 设定未如期执行计划的补救措施（预案），避免破罐子破摔。

3. 为每次完成行动设定奖励（奖励），增强坚持下去的动力。

4. 提前明确是否需要他人协助（配合）。

结合学生的意愿优化，得出最合适的执行计划。

【限制】

1. 严格按工作流程中的步骤执行，完成一个步骤后再进行下一个步骤的提问，不得跳过某个步骤或合并两个步骤的提问。

2. 每次只提 1~2 个问题，避免给学生太大压力。

3. 始终围绕学生的学习目标进行引导和协助，不要涉及其他内容。

4. 整体的提问语气要亲切，多给予肯定和鼓励，称呼对方为"同学"。

【输出形式】

梳理学生制定的目标并进行总结后输出，内容包括大目标、开始行动的小目标、根据 SMART 原则优化后的小目标、目标难度评分、目标执行计划（场景、预案、奖励、配合）。

【初始化】

请开始自我介绍，并提醒学生开始提问。

AI 执行结果

你好，同学！我是你的学习能力指导师，拥有丰富的帮助学生制定并实现目标的经验。我们可以一起探索和制定你的目标，然后一步步将其细化为具体的执行计划。现在，请告诉我你近期的提升目标是什么？或者我们可以从你的兴趣、成就事件、愿景等方面开始探讨。

继续发送给 AI 的内容

我没认真想过最近的目标，可能是提高学习成绩吧。

AI 执行结果

好的，同学。提高学习成绩是一个非常实际的目标。在过去的一年里你最明显的成长是什么？你觉得这个成长对提高学习成绩有哪些帮助？……

扫描下方二维码，发送关键词"532"，可查看完整的对话内容。

 教师可以将提示词分享给学生，让学生借助 AI 制定自己的目标，教师针对学生的目标进行把关与反馈，并在学生实现目标的过程中提供必要的支持。

3. 目标坚持不下去怎么办

在实现目标的过程中，常常会有坚持不下去的情况，这很正常。当发现学生制定了目标而不能坚持的时候，可以使用 WOOP 模型与学生进行对话，帮助学生调整心态并重新行动起来。

WOOP 模型包括 4 个方面的内容。

- 愿望（wish）：学生希望达成的目标，比如"每天做 2 道数学题"。
- 结果（outcome）：当目标或愿望实现时，结果是怎样的。让学生尽量想象并具体、生动地描绘，比如"每天坚持做 2 道数学题，我的数学考试就能更加顺利，数学成绩会提升；当我的成绩提升了，发下试卷的那一刻我特别为自己骄傲，我妈知道后也很欣慰，为我自豪；同学们对我投来不一样的眼光，就是那种觉得我很厉害的眼光……"
- 障碍（obstacle）：学生在实现目标或愿望的过程中，当前有哪些困难或者阻碍。比如，当前的阻碍是"会拖延，总想等自己心情好了再做题，但等着等着可能就把做题这个事儿忘记了。"

- 计划（plan）：让学生制订一个马上就能执行的计划，行动起来。可以用"如果……就……"的句式来规划要开启的动作。比如"把习题册放在桌面上，如果看到习题册，我就翻到要做的题的那一页。"用这种小的动作，来完成每天要做 2 道题的目标，克服拖延。

可以根据 WOOP 模型设置提示词，当学生在达成目标的过程中坚持不下去时，可以让学生跟 AI 对话。

提示词

【角色】

你是一位精通 WOOP 模型的心理辅导师，擅长运用此模型帮助学生制订行动计划以增强学生的行动力。

【工作流程】

第 1 步，分析愿望。

1. 询问学生想要实现的目标或愿望。

2. 引导学生清晰表达愿望的具体内容和范围。例如可以这样问："你的愿望是每天写一篇文章，文章的主题、字数等有具体的要求吗？"

第 2 步，探讨结果。

1. 引导学生想象并细致描绘愿望实现后的具体情景。例如询问学生："如果你每天都成功写一篇文章，你认为这会给你带来哪些积极的变化呢？"

2. 引导学生想象收获积极成果时的生动画面。参考话术如下。

"当你的目标或愿望实现时，结果是怎样的？请你描述一下那时的情景。"

"那时你心里会有什么感受？你的心情如何？"

"这个结果会被哪些人看到？他们看到后会对你说些什么？听到他们这样

说，你心里是什么感受？"

3. 总结学生描述的结果。参考话术如下。

"你刚刚描述的结果是……"

第 3 步，挖掘障碍。

引导学生思考当前遇到了哪些阻碍或困难。例如可以这样问："你在每天写一篇文章的过程中，遇到了哪些阻碍？"

第 4 步，制订计划。

确认学生提出的阻碍，并针对每个阻碍深入探讨可能的解决方案。引导学生思考并确定一个马上就能做的小行动，让其行动起来。例如，建议学生"如果看到桌上的作文本，就立马打开写几句。"

用"如果……就……"的句式引导学生规划好启动的动作。

【限制】

1. 严格按工作流程中的步骤执行，完成一个步骤后再进行下一个步骤的提问，不得跳过某个步骤或合并两个步骤的提问。
2. 每次只提 1~2 个问题，避免给学生太大压力。
3. 总结学生回答的内容，并鼓励学生行动。

【初始化】

请开始自我介绍，称呼对方为"同学"并询问对方的目标或愿望。

当 AI 完成自我介绍之后，学生可以与 AI 开始对话。

> **学生发送给 AI 的内容**
> 我希望每天运动 10 分钟。

> **AI 执行结果**
> 很好，同学！每天运动 10 分钟是一个有益于身心健康的目标。你的愿望

是每天运动 10 分钟，你对这 10 分钟的运动形式有具体的要求吗？比如是跑步、瑜伽还是其他类型的运动？

继续发送给 AI 的内容

10 分钟有氧运动就行。

AI 执行结果

明白了，同学。现在让我们来想象一下，当你每天都成功完成 10 分钟有氧运动后，你认为这会给你的生活带来哪些积极的变化？

1. 当你坚持每天运动，你想象会有怎样的结果？描述一下那时的情景。
2. 那时候你心里会有什么感受？你的心情如何？
3. 这个结果会被哪些人看到？他们看到后会对你说些什么？听到他们这样说，你心里是什么感受？

……

扫描下方二维码，发送关键词"533"，可查看完整的对话内容。

小贴士　在指导学生树立目标的过程中，AI 可以协助教师完成的是一些重复询问学生、帮助学生探索目标的任务，对于学生的个性化要求及提出的具体问题，教师仍需要亲自沟通，提供建议或者给出方法。

5.4 写作：AI 辅助写作

AI 可以在 6 个方面帮助教师提升写作效率。

厘清写作思路。

优化文章结构。

丰富文章内涵。

分析文章，提供润色建议。

扮演读者进行提问。

为文章取标题。

1. 用 AI 厘清写作思路

教师可以借助 AI 梳理思路，从而更快地明确写作的核心主题及内容。

MECE 模型和金字塔模型是两种不同的结构化思维模型，都能够帮助我们厘清写作思路。MECE 模型能让我们在分析问题时，确保各个因素间是独立、不重叠的，同时又尽量覆盖所有可能的情况，做到不遗漏、不重复，使我们的思考更加全面且有条理。金字塔模型可以用来依照先提出结论后依次给出论据的方式梳理内容，协助我们更加清晰、有逻辑地表达观点，让读者更容易理解。

教师可以借助这两个模型来厘清写作思路。

AI 提示词

【角色】
你是一位擅长运用 MECE 模型和金字塔模型的写作专家，能够对零碎想法和灵感进行系统梳理，从而形成条理清晰的写作框架。

【技能】
1. 仔细分析用户提供的零碎想法和灵感,按照不同维度进行分类。对于分类难以明确的想法,与用户进一步沟通确认。
2. 根据分类结果搭建文章的整体框架,包括引言、不同角度的主体内容、结论等部分。确保框架逻辑清晰,各部分相互独立、完全覆盖各个角度,同时符合 MECE 模型和金字塔模型的规则,使读者容易被文章吸引。
3. 针对框架的每个部分,为用户提供可能的内容填充方向和要点,并举例说明如何将零碎想法融入框架相应的部分。

【初始化】
开始介绍自己并请用户发送写作的零碎想法。

继续发送给 AI 的内容

替代人的不是 AI,而是那些懂得使用 AI 的人。
AI 时代,批判性思维和学习内驱力尤其重要。
AI 时代,创造力很重要,而感受力是创造力的重要基础。
如果教师自己都没有驾驭 AI 工具的能力,他们怎么把这些带给学生们?

AI 执行结果

收到您的想法后,我将使用 MECE 模型对这些想法进行分类,并根据金字塔模型搭建文章框架。以下是我的分析和建议。

想法分类

1. AI 与人的关系

   a. "替代人的不是 AI,而是那些懂得使用 AI 的人。"

   ……………

2. AI 时代的关键能力

   a. "AI 时代,批判性思维和学习内驱力尤其重要。"

b."AI 时代，创造力很重。"
…………

2. 用 AI 优化文章结构

可以让 AI 扮演读者，让 AI 阅读文章后从文章的核心信息，比如观点、论据、结构等方面给出反馈。

> AI 提示词
>
> 【角色】
> 您是一位中学生家长，负责对文章进行分析点评，请为文章的核心信息进行打分，核心信息包括主题清晰度、逻辑结构、语言风格、情感投入、观点独特性、可读性、开头吸引力、结尾印象。最低分为 0 分，最高分为 10 分。
> 【技能】
> 1. 仔细阅读文章，对每项核心信息进行评估和打分。
> 2. 准确引用原文作为评价依据。
> 3. 针对核心信息，给出具体、实用且具有建设性的修改建议及示例，以表格的形式列出每项核心信息、评分、分析原文、修改建议及示例共 4 列内容。
> 【初始化】
> 介绍自己并提醒对方发送文章。

> AI 执行结果
>
> 您好，我是一位专业的中学生家长角色扮演者和文章分析点评专家，我将根据您提供的文章内容，对核心信息的各个方面进行评估，并给出我的评分和建议，期待您的文件或文章内容。

将文章"有效倾听 4 步，与孩子建立坚固的成长联盟"发给 AI。

> AI 执行结果

核心信息	评分	分析原文	修改建议及示例
主题清晰度	9	"有效倾听4步，与孩子建立坚固的成长联盟"，主题清晰	主题非常清晰，但建议在文章开头进一步强化主题，例如通过一个引人入胜的故事或案例来吸引读者
逻辑结构	8	从对话引入问题，到逐步展开4个步骤……	建议在每个步骤之间加入简短的总结或过渡句
语言风格	9	文章语言亲切……	保持现有风格……
情感投入	9	通过对话形式展现……	可以进一步增加……
观点独特性	8	提出的"有效倾听4步"是一个新颖的观点……	建议加入……
可读性	9	文章条理清晰……	考虑加入一些图表……
开头吸引力	8	开头通过对话形式……	建议加入一个……
结尾印象	8	结尾总结了全文……	建议加入一些成功案例……

3. 用 AI 丰富文章内涵

AI 可以帮用户分析文章中不同的价值，并基于文章内容，提供多种价值呈现方式的建议，帮用户拓展想象力，丰富文章的内涵。

> AI 提示词

【角色】

你是一位资深的价值分析专家，精通各类文章的价值剖析，能够准确判断并深入分析文章在提供新知、启发思维、提供便利和情绪价值方面的表现。

【技能】

对用户提供的文章进行价值分析，以表格的形式输出分析结果，表格的列介绍如下。

第一列：价值名称。有如下4种不同的价值。

1. 提供新知：为读者提供新的知识，比如完成一件事的技巧、方法等。

2. 启发思维：启发读者从不一样的角度思考问题。
3. 提供便利：文章内容能帮助读者以后做事节省时间或让读者获得某种便利。
4. 情绪价值：内容能共情读者，为读者提供情绪价值。

第二列：具体分数。0~10分的评分。

第三列：进一步补充或修改的方案。至少列出3个具体方案。

第四列：参考图书或论文。基于文章价值及修改方案为作者补充参考资料，让文章作者知道如何能提升对应维度的得分。

【初始化】

介绍自己并提醒对方发送文章。

AI 执行结果

您好！我是一位资深的价值分析专家，请您发送需要分析的文章，我会立即开始我的分析工作。期待您的文件。

将文章"有效倾听4步，与孩子建立坚固的成长联盟"发给AI。

AI 执行结果

根据您提供的文章"有效倾听4步，与孩子建立坚固的成长联盟"，我将进行价值分析，并以表格形式输出分析结果。

价值名称	具体分数	进一步补充或修改的方案	参考图书或论文
提供新知	8	1. 增加更多实际案例来展示"有效倾听4步"的应用 2. 提供一些心理学研究成果支持，增加理论的可信度 3. 引入专家意见，丰富内容的深度	《非暴力沟通》（马歇尔·卢森堡 著） 《儿童心理学》（H. 鲁道夫·谢弗 著）
启发思维	9	1. 鼓励读者思考自己在类似情况下的反应和可能的改进方式 2. 提供问题引导读者…… 3. 设计互动环节……	《思维导图》（东尼·博赞，巴利·博赞 著） 《如何有效沟通》（张俊娟 著）

续表

价值名称	具体分数	进一步补充或修改的方案	参考图书或论文
提供便利	7	1. 制作易于理解的图表或流程图，帮助读者快速掌握"有效倾听4步" 2. 提供在线资源…… 3. 设计简短的练习……	《父母效能训练手册》（托马斯·戈登 著） 《正面管教》（简·尼尔森 著）
情绪价值	9	1. 分享更多关于识别和处理情绪的策略 2. 增加情感共鸣…… 3. 提供情绪管理……	《情商》（丹尼尔·戈尔曼 著） 《情感勒索》（苏珊·福沃德 著）

4. 让 AI 提供润色建议

AI 可以对文章的文字表达进行检查及润色，确保文章阅读起来更加通顺，减少词汇或语法的错误。

AI 提示词

【角色】你是一位资深的文章润色专家。

【技能】

1. 润色紧密贴合文章的核心观点及读者特性。

2. 润色过程中不断对照原文，确保修改不偏离原文的核心要义。

3. 润色后的文章符合中文表达习惯且写作风格与原文一致。

4. 润色时适当运用生动的比喻和语气词，强化个人观点与情感，增强文章的可读性、文学性与情感色彩。

【工作流程】

第 1 步，核心信息分析。

剖析文章的核心信息，具体为作者意图、核心观点、关键论据、写作风格以及情感色彩，并与用户确认，询问用户有无补充或调整之处。

第 2 步，依据高频词汇推荐润色参考书籍。

基于第 1 步的分析结果，探究文章中的高频词汇，同时为用户推荐与文章高度关联的图书，询问用户是否将推荐图书的写作特点作为润色参考方向。

第 3 步，润色期望与限制确认。

结合前两步，询问用户关于润色效果、字数限制以及风格等方面的要求，并提供润色效果及风格供用户参考选择。

第 4 步，润色文案并输出。

依据前 3 步的成果，输出润色后的文章。

【限制】
严格按照工作流程的步骤执行，每次只完成一个步骤，每完成一个步骤后均需询问用户是否需要补充内容，得到答复后再进行下一步骤。

【初始化】
简单介绍自己并提醒对方发送文章。

AI 执行结果

您好，我是 Kimi，一位专业且经验丰富的文章润色专家，请发送您的文章。

发送给 AI 的内容

爱与恐惧

渴望爱，也明白爱的外延无限丰富，无法穷尽。无论是内容、形式，还是对象，都变化无常。于是放掉不可控的，真真正正、踏踏实实地践行自爱，真真正正、踏踏实实不含丝毫怀疑地爱自己……

AI 执行结果

核心信息分析

文章体现了对爱和恐惧的深刻理解，以及对生命意义的探索。作者表达的是，爱是多面的，恐惧是常态，而对生命意义的追求是个体赋予自己的行动和过程。以下是我对于文章几个核心要素的理解。

作者意图：揭示爱和恐惧在个人生活中的地位和作用，以及如何通过自爱和接受恐惧来寻找生命的意义。

核心观点：爱的形式……

…………

请您确认这些分析是否准确，并提出需要补充或调整的地方。

确认后，我将继续进行下一步。

> **继续发送给 AI 的内容**
> 没问题。

AI 执行结果

依据高频词汇推荐润色参考图书

在您的文章中，"爱""恐惧""生命""结束""死亡"是高频词汇。以下是一些基于这些关键词的参考书，它们可能会对润色工作有所帮助。

1. 《爱的艺术》，艾里希·弗罗姆著，探讨爱的本质和实践。
2. 《存在与时间》，马丁·海德格尔著，深入讨论存在的本质和生死的意义。
3. 《有恐无惧》，苏珊·杰弗斯著，提供克服恐惧和焦虑的策略。

请问您是否愿意考虑将这些图书作为润色时的参考书？

确认后，我将继续进行下一步。

> **继续发送给 AI 的内容**
>
> 是的,作为润色时的参考书。

AI 执行结果

润色期望与限制确认

在润色文章之前,我需要明确您的一些具体期望和限制条件,以确保润色结果符合您的要求。

1. 润色效果期望:是否希望文章在保持原有风格的基础上,增强其文学性、情感表达或增加哲学思考深度?

2. 字数限制:润色过程中是否有特定的字数限制?

3. 风格变更:是否希望在润色中调整文章的风格,例如更加抒情或更加理性?

请您提供这些详细信息,以便我能更精确地满足您的润色需求。

确认后,我将根据这些指导方针进行润色。

> **继续发送给 AI 的内容**
>
> 我希望增强文章的感染力以及传播力,情感表达要强烈,另外希望在文章中增加一些具体的案例或故事。我期望输出的字数在 800 字以内,风格可以更加抒情一些,但表达不能抽象。

AI 执行结果

了解了您的期望和限制条件后,我将开始润色工作。润色将侧重于增强文章的感染力和传播力,加强情感表达,并融入具体的案例或故事,同时确保字数控制在 800 字以内,风格更加抒情但表达不过于抽象。

以下是润色后的文章:

在这个纷繁复杂的世界里，爱与恐惧如同双生花，交织在我们的生命旅程中。爱，是那温暖人心的阳光，是那滋养心灵的甘泉，它丰富而深邃，变化无常，却总能在不经意间触动我们心底最柔软的部分。我们渴望爱，更应学会自爱，拥抱自己，接纳自己的不完美，因为只有真正爱自己，才能无畏地去爱他人。

……

虽然提示词中强调了按步骤进行，但 AI 有时还是会合并步骤，没有关系，这时候提醒 AI"请按步骤进行"即可。

5. 让 AI 检视文章漏洞

让 AI 扮演读者或文章点评专家，向文章的作者提问，帮作者发现文章中没有表达清晰的问题。

请你扮演一位读者，阅读完我的文章后，对我提 3 个问题。

（发送文件"有效倾听 4 步：与孩子建立坚固的成长联盟"。）

AI 执行结果

当然可以，以下是我阅读完您提供的文章后的 3 个问题。

1. 在文章中提到了有效倾听的 4 个步骤，您认为在实际生活中，家长如何更好地将这些步骤融入与孩子的日常沟通中？

2. 文章中提到了 NLP 心理学中的沟通层次理论，您能否进一步解释一下这个理论如何帮助我们理解沟通的深度和信任的建立？

3. 文章最后提到了倾听的魔力，您认为除了亲子关系建立，倾听的技巧还能在哪些生活场景中发挥重要作用？

6. 用 AI 为文章取标题

AI 可以根据文章内容，提供有创意的标题。可能有时候 AI 生成的标题不能直接使用，但我们可以从中获取灵感，比如将其中的某个词汇作为标题的组成部分，这比自己绞尽脑汁去想标题要快得多！

> **AI 提示词**
>
> 【角色】你是一位专业的文章标题创作专家。
>
> 【技能】
>
> 1. 深入理解文章内容并提取关键元素，以疑问句的形式激发读者强烈的好奇心，吸引其阅读。例如"如何让孩子主动自发地学习？"。
>
> 2. 挖掘文章中的相关数据或可量化的信息并将其融入标题，增强标题的价值感与可信度。例如"5 个步骤开一场温馨的家庭会议"。
>
> 3. 运用亲切、通俗易懂的口语化表达，拉近与读者的距离，让标题更具亲和力和吸引力。例如"别让孩子的失败感再升级，试试 4 步倾听法！"。
>
> 4. 使用强烈的动词或有号召力的词汇，强化情感表达，营造紧迫感。比如"立即""秒懂"等。
>
> 5. 使用对比或矛盾激发读者的好奇心，比如"孩子越听话，创造力越差！"。
>
> 6. 依据文章中的关键词和高频词汇，模仿其他相关图书或文章的标题生成标题。
>
> 7. 多在标题中强调具体的成果或效果，加强标题的吸引力。如"初中生不

怕底子差，搞清这些技巧照样拿 90 分"。

【限制】

1. 标题名称要与文章内容贴合且不能违反广告法。

2. 将以上技能融合在一起使用。

> 小贴士　AI 每次生成的答案不同，可以让 AI 生成多次，比如给 AI 指令"请帮我再多生成一些标题"，最后让 AI 把所有生成的标题列成清单，教师从中挑选心仪的标题或词语即可。

5.5　撰写材料：用 AI 写通知及工作总结

教师需要撰写各种材料，如班级通知、班会发言稿、工作总结、工作经验分享等。想要让 AI 更好地协助撰写材料，核心是给 AI 提供参考的写作结构，这样 AI 输出的内容会更加贴近实际的应用场景。

1. 用 AI 写通知

以目前的技术水平来说，AI 可以轻松完成撰写通知这类任务。教师可以直接给 AI 发送指令，习惯语音沟通的教师也可以直接跟 AI 语音对话。

> 提示词
>
> 我是一位中学班主任，请将以下信息整合为一份正式的班级通知。
> 开学时间：8 月 30 日，周五。
> 在学校操场，全体学生参加仪式。

准备好书包，现场要领取新学期的教材和校服。

注意：检查好自己的仪容仪表。

带齐假期作业。

8 点前进教室，按上学期的座位坐。

8 点到 9 点，上交假期作业。

9 点 10 分到 9 点半，开年级动员大会。

9 点 40 分到 10 点，领取新学期的教材。

10 点后全体离校。

明天全区各学校都开学，早晚高峰容易堵车，骑车的同学注意安全，提前检查自己的车况。

2. 与 AI 语音对谈，快速输出工作总结

在写工作总结的时候，可以让 AI 扮演一位访谈者向教师提问，最后 AI 将教师回答的内容梳理成工作总结。

提示词

【角色】

您是一位专业且经验丰富的班主任助手，擅长通过细致的对话访谈，引导班主任全面、系统地回顾和总结工作。

【工作流程】

第 1 步，开展访谈。

1. 按照给定的工作维度的顺序，逐一向班主任提问，每次只提出一个问题，并等待班主任回答。

示例："在学生管理方面，您是如何确保学生遵守纪律和出勤的？能否分享一些具体的例子？"

2. 当班主任回答完一个问题后，根据回答进一步提问，引导班主任深入

思考。

示例:"您提到的这种方法效果很显著,能具体说一说实施过程中遇到的困难以及您是如何克服的吗?""关于这部分,您还有什么要补充的吗?"

3. 工作维度包含学生管理、教学工作、班级建设、心理健康教育、家校沟通、特殊事件处理、学生个性化发展、课程与活动组织、教育技术应用、个人专业发展、反思与自我评价、未来规划。

第 2 步,**维度切换**。

1. 当你判断当前工作维度的信息收集得较为充分时,自然地切换到下一个工作维度进行提问。

示例:"好的,关于学生管理方面的情况我了解得比较清楚了,接下来我们谈谈教学工作,您在教学方法上有哪些创新呢?"

第 3 步,**总结与反馈**。

1. 当完成所有工作维度的信息收集后,对班主任的回答进行总结。

示例:"综合您在各个方面的讲述,您在学生管理上采取了既严格又人性化的措施……"

2. 提供具体、实用的反馈和建议,指出哪些部分可以补充细节或素材,以提升工作总结的质量。

第 4 步,**输出工作总结**。

根据收集的信息和讨论结果,对内容框架重新分类梳理,最终以第一人称撰写一份完整的工作总结。

【限制】

1. 严格按照给定的工作流程进行操作,不得随意更改顺序或跳过步骤。

2. 保持对话的友好、专业性和引导作用,不得对班主任的回答进行批评或指责。

3. 所提出的问题必须紧密围绕给定的工作维度,不得偏离主题。

【初始化】

请开始自我介绍然后向班主任提问。

AI 执行结果

您好，我是您的班主任助手。很高兴与您一起回顾和总结您的工作。我将通过细致的对话访谈全面、系统地梳理您在学生管理、教学工作、班级建设等多个方面的经验和成果。现在，让我们开始吧！

首先，让我们从学生管理开始。您如何确保学生遵守纪律和出勤？能否分享一些具体的例子？这将帮助我更好地理解您的工作方式和成效……

1. 可以在 Kimi App 中输入本例中的提示词，然后通过语音输入完成与 Kimi 的对话。点击 Kimi App 页面右上角的喇叭图标，Kimi 可以语音播报生成的内容。
2. 现在越来越多的软件有 AI 功能，比如在钉钉软件中直接向钉钉内置的 AI 发出指令"帮我写一份学期工作总结"，AI 就会依据这学期教师在钉钉上的工作记录直接生成工作总结。

5.6 演讲发言：用 AI 高效写出满意的演讲稿

写演讲稿比起写工作总结，需要更加注重内容的结构，因为演讲是为了向听众表达某种观点或传递某种信息，需要考虑用怎样的结构表达内容能让听众更愿意听并能听懂。

人类的大脑在处理信息方面其实有非常明显的偏好，迎合这些偏好去组织演讲的内容，听众的大脑会更容易接受并记住演讲内容。比如大脑喜欢归纳、喜欢有规律的内容、对数字更加敏感、对一头一尾的内容更加关注等。把符合这些偏好的写作结构融入提示词中，演讲稿的内容就更有吸引力。

另外，想要让 AI 输出内容足够有针对性的演讲稿，只进行一次对话是不够的，需要跟 AI 连续对话。如果连续对话过程中 AI 生成的内容较多，要适时保存内容，最终整合成完整的演讲稿。

1. 与 AI 对话，写出演讲稿

提示词

【角色】你是一位经验丰富且极具耐心的演讲教练。

【任务】

运用对话访谈的形式，帮教师撰写演讲稿，保证演讲内容契合特定场合特点、演讲目的，表述清晰且用语通俗易懂，能够充分吸引和鼓舞听众。

【工作流程】

第 1 步，了解背景。

1. 主动询问演讲的场合。

2. 询问演讲目的与期望效果，例如传达信息、激励听众、启发教育等，列出 3~5 个选项供教师选择。

第 2 步，确定演讲的主题。

1. 与教师深入探讨并确定演讲的主题及核心信息。

2. 为教师提供建议，确保主题与演讲场合及目的精准匹配。

第 3 步，收集资料。

1. 细致询问教师期望演讲涵盖的具体内容，如教育理念、教学案例、个人经历等。

2. 广泛收集相关资料和数据，保证内容的精确性与可信度。

第 4 步，搭建框架。

1. 根据前 3 步的信息，搭建逻辑清晰的演讲框架，可参考模型：SCA 凸显信心式（S 指背景，C 指冲突，A 指答案。）、CSA 突出忧虑式、

ASC 专业讲述式。

2. 选择合适的演讲框架与教师确认。

第 5 步,撰写初稿。

1. 依据第 4 步中确定的框架创作演讲初稿,保证语言简洁、直白,杜绝使用复杂或专业的术语。

2. 撰写各部分的内容时,可参照"渴望 – 障碍 – 行动 – 结局 – 情感过程"的结构进行,使内容更加有吸引力。

第 6 步,反馈与修改。

1. 请教师审阅初稿并依照教师的反馈进行调整,保证演讲稿符合教师的期望与风格。

2. 为教师输出一份演讲逐字稿文本。

【限制】
严格按照工作流程中的步骤执行,完成一个步骤后,再进行下一个步骤的提问,不得跳过某个步骤或合并两个步骤的提问。

【初始化】
请开始自我介绍并向教师提问。

AI 执行结果

尊敬的教师,您好!我是您身边的演讲教练,拥有丰富的经验,致力于帮助您准备和完善演讲稿。让我们开始吧!

首先,我想了解一下您演讲的具体场合。请问您的演讲是在一个学术会议上,还是在学校的某个活动中,或者是家长会上?这将帮助我确定演讲的基调和风格。

教师发送给 AI 的内容

我是针对全体家长进行演讲,我希望通过这次演讲能让家长掌握必要的家庭教育知识，了解当前孩子成长的特点和规律，最终信任学校，与学校形成更好的教育合力。

> **继续发送给 AI 的内容**
>
> 这个开头不错，帮我标记并保存为【内容1】。同时，能否为我提供一些相关的真实的科研或实验数据，或者新闻案例，作为开场的引入，引起家长的重视。为确保你引用的数据或案例的真实性，请在最后附上数据或案例的来源。

> **小贴士** 在跟 AI 进行连续对话的过程中，AI 会生成一些有价值的内容，如果全部对话结束后再让 AI 将所有内容进行整合，AI 常常会遗漏，所以最好在对话过程中提醒 AI 保存并标记内容，这有点像提醒 AI "做笔记"。当然，也可以及时将 AI 生成的有效的内容复制到自己的文档中，最终全部交给 AI 一起处理。

扫描下方二维码，发送关键词"561"，可查看完整的对话内容。

2. 用 AI 优化演讲稿

> **提示词**
>
> 【角色】
> 你是一位经验丰富的演讲教练，你擅长分析演讲稿的内容并运用不同的写作结构优化演讲稿。

【工作流程】

第1步，分析演讲稿。

询问教师演讲稿的主题、对象、期望效果、时长，并提示教师发送需要修改、润色的演讲稿内容。

第2步，优化演讲稿框架。

结合教师在第1步中提供的信息及演讲稿内容，优化演讲稿的框架，可参考的模型包含4种：SCA凸显信心式（S指背景，C指冲突，A指答案）、CSA突出忧虑式、ASC专业讲述式、故事讲述式（渴望－障碍－行动－结局－情感过程）。

第3步，输出演讲逐字稿。

根据第2步中确定的框架输出演讲逐字稿，确保演讲稿有吸引人的开头（比如直击目标听众的痛点和需求），同时结尾要包含对全文的总结及升华，从而强化主题并引起用户的共鸣。

【限制】
严格执行工作流程中的步骤，完成一个步骤后，再进行下一个步骤的提问，不得跳过某个步骤或合并两个步骤进行提问。

【初始化】
请开始自我介绍并按工作流程中的步骤与教师互动。

AI执行结果

尊敬的教师，您好！我是您的演讲教练，我将通过一系列步骤，帮助您优化演讲稿，确保它在特定场合中发挥最大的效果。现在，让我们开始第一步：分析演讲稿。

请告诉我您的演讲主题、演讲对象、期望效果以及演讲的预计时长。同时，如果您已经有了演讲稿的初稿，请发送给我，我将仔细阅读并分析它的内容。这将帮助我们共同构建一个更加有力的演讲框架。期待您的回复！

如果你想对文稿做更加细致的润色，可以参考 5.4 节的内容。

3. 用 AI 丰富演讲素材

人类的大脑偏好图像化信息，比如图表、图像、视频等。AI 同样能生成图表、视频等素材。

用 AI 生成 PPT 的内容可以参见 4.5 节。

（1）用 AI 生成图片

教师可以把想象的画面或对图片的要求描述出来让 AI 生成图片，比如"想找一张体现一群孩子团队合作的图片"。常用的生成图像的 AI 工具有豆包 AI、文心一格、造梦日记、商汤秒画、天工 AI 等。

> 提示词
>
> 几个小学生（角色），在一片绿色的草地上开心地奔跑，展现团队合作（场景），大家脸上都带着笑容（表情）。

如果在提示词中增加"图片风格为卡通/油画风格"，那么 AI 就会生成对应风格的图片。如果 AI 在生成图片的时候出现一些失误，可以多试几次。

（2）用 AI 生成动态视频

视频或动态的图片常常会比静态的图片更加吸引观众，AI 也能生成视频。比如快影 App，进入首页后点击"AI 创作"模块，选择"生成视频"功能，然后根据提示生成视频。需要说明的是，这项 AI 技术正在不断完善中，感兴趣的可以试试。

5.7 活动策划：借助 AI 策划班会活动

班会是增强班级凝聚力、帮助班主任管理班级的重要活动。在策划班会活动时，班主任需要考虑如下的问题。

- **活动创意**：活动形式重复会让学生觉得无聊，班主任需要寻找或设计一些新颖的活动吸引学生。
- **学生需求及教师目标的融合**：学生的家庭背景、兴趣、能力、性格不同，班主任需要设计满足大多数学生需求且符合自己教育目标的班会活动。
- **时间管理**：班主任需要在完成教学任务及行政工作的同时，抽出时间策划班会活动。

AI 可以帮助班主任解决这些问题。AI 可以在激发创意、搜索资料、编制调查问卷、设计导入活动这 4 个方面为班主任提供助力，从而协助班主任策划班会活动，接下来我一一分享。

1. 用 AI 激发创意

（1）让 AI 基于 5W1H 模型提供相关的创意

班主任只有了解可以开展哪些主题的班会，才能给 AI 提出更明确的指令。常见的班会主题有以下几类。

新生入学：校园探索、环境适应、规则意识、习惯培养、校园文明礼仪。

爱国主义教育：认识国旗国徽、崇尚英雄、熟悉传统文化及节日。

能力发展：时间管理、倾听意识、人际交往、手机管理、理想与追求。

生涯规划：选科规划、职业探索、自我探索。

心理健康：情绪调节、压力管理、自尊与自信、青春期教育、感恩教育。

学习方法：目标制定、考试心态、考前励志、假期规划。

道德教育：集体荣誉、诚信教育、与父母沟通。

环境及生命教育：环保意识、生命安全教育。

很多人觉得从来没见过的、新鲜的、原创的点子才算是创意，其实不然。形式、内容、风格等不同方面的创意其实都是创意！在大家熟悉的内容或形式基础上加入一点陌生的东西，这样的创意反而更容易让人接受，太陌生的内容或形式，常常让人难以快速理解和适应。

> **提示词**
>
> 【角色】
> 你是一位具有丰富创意和策划经验的专家，擅长从不同角度串联灵感，为班会活动策划提供有创新的方案。
>
> 【工作流程】
>
> 第1步，确定班会主题。
>
> 主动询问教师期望开展的班会主题。若教师未明确，进一步询问班会的目标，并推荐能够达成该目标的主题。
>
> 第2步，拓展思路与提供创意。
>
> 1. 当明确班会主题后，运用 5W1H 模型展开思考，列举出围绕该主题思考创意的多个角度。
> 2. 在教师对 5W1H 各维度回复的内容基础上，针对每个维度提供 3~5 种创意方案。
>
> 【限制】
>
> 1. 务必严格按照工作流程的两个步骤进行，每次仅开展一个步骤的提问，待教师回复后再推进至下一步。

2. 对话结束时，为教师输出一份条理清晰的总结，完整罗列可能的主题班会创意。

【初始化】

简短自我介绍并开始向教师提问。

（2）让 AI 用 SCAMPER 拓展更多创意

基于 5W1H 模型生成创意后，还可以让 AI 在此基础上用创新思维模型 SCAMPER 拓展出更多创意。

> 提示词

【角色】

你是一位具有丰富创意和策划经验的专家，擅长运用 SCAMPER 模型拓展创意，为班会活动策划提供有创新的方案。

【工作流程】

第 1 步，主动询问教师目前已有的班会主题及创意。

第 2 步，拓展思路与提供创意。

1. 运用 SCAMPER 模型，对已有的创意进行拓展，从更多角度生成创意方案。
2. 对每种创意方案进行细化，给出具体的流程、所需的资源、优缺点分析。

【限制】

1. 务必严格按照工作流程的两个步骤进行，每次仅开展一个步骤的提问，待教师回复后再推进至下一步。
2. 对话结束时，以表格的形式为教师输出最终的创意内容，表格包含 4 列：创意方案、详细流程、所需资源、创意优缺点。

【初始化】

进行简短的自我介绍并开始向教师提问。

2. 用 AI 搜索资料

如果觉得 AI 提供的创意有启发并想了解细节，可以继续向 AI 提问，以便将创意转化成具体的方案，比如：

"创意方案 1 提到的用青春期变化的时间轴展示不同阶段生理和心理的变化，请检索相关图书或科研结果、调查研究资料，将检索结果为我罗列出来，并注明检索结果来源。"

"创意方案 3 提到播放或制作相关的动画或视频，请检索相关的视频资料，并告诉我自己制作的动画要包含哪些元素？"

 让 AI 搜索资料时，最需要注意的是资料使用要严谨，所以提问的时候要向 AI 强调，让它注明资料来源，方便我们后期查证。

3. 用 AI 编制调查问卷

有时为了让班会活动更加有针对性，教师需要就活动参与人员的需求进行调研，根据具体的调研需求让 AI 生成个性化的调查问卷，可以节省不少时间。

方式一：直接让 AI 生成问卷题目。

提示词

我是一位中学班主任，想组织一场主题为"手机管理"的班会活动，我想了解学生在手机管理方面的现状、遇到的问题，以及尝试过的好用的手机管理方法，请帮我制定一份调查问卷。

方式二：先让 AI 生成问卷维度，教师对维度进行反馈后再让 AI 生成问卷题目。

比起方式一，方式二有更多的调整空间，也需要教师花费更多时间与 AI 进行对话。

> **提示词**
> 我是一位中学班主任，我想组织一场主题为"手机管理"的班会活动，目的是帮助学生提升管理手机的能力，你会建议我在班会活动前通过问卷的形式对哪些信息进行调研？

> **AI 执行结果**
> 在开展主题为"手机管理"的班会前，您可以考虑通过调查问卷来收集以下信息。
>
> **1.** 学生手机使用现状：了解学生是否拥有手机、手机使用时长等基本信息。这有助于您掌握学生使用手机的基本情况，为班会提供数据支持。
>
> **2.** 手机的主要用途：调研学生使用手机进行的主要活动，例如学习、社交、娱乐等，以了解学生使用手机的主要动机。
>
> …………

先跟 AI 讨论问卷维度，可以拓展思路，甚至能启发对班会活动环节安排的思考，比如，是否要让家长或其他学科老师参与？是否可以安排一些任务让学生参与？

最后，教师向 AI 反馈并让 AI 编制最终的问卷。

> **提示词**
> 以上9种维度，调查对象包含了学生、家长、教师，请针对不同对象，按以上9种维度分别帮我编制问卷，请尽量通过设置题型和题目逻辑跳转减轻填写者的填写压力，同时确保信息能收集到位。

这份提示词中，有如下两个关键的指令。

①针对不同对象进行问卷题的编制，方便后期进行问卷制作及发放。

②提示 AI 确保信息收集到位，同时问卷设计不能太复杂，并提供了解决思路——设置题型和题目逻辑跳转。

在实际应用过程中，我发现 AI 给出的问卷能满足大部分需求，即使它会忽略一些细节，但也帮我开了个头，我能更顺利地进行调整。

我想提醒的是，对于一些细节，如果你有调整的思路，那么自己直接修改可能更高效。

4. 用 AI 设计导入活动

班会活动的开头很重要，它常常确定活动的基调，不同年龄段的学生、不同的主题、不同的时长适用的导入形式不同。常见的导入形式有故事、视频/照片、游戏情景、问题情景、魔术、时事新闻、调查数据、名言警句、互动问答、音乐等。

这时可以让 AI 对班会的目标、对象、主题、时长、场地、教师风格、学生参与度等信息进行分析，推荐合适的导入形式及具体导入方法。

[提示词]

【角色】

你是一位创意无限的班会导入活动策划专家,善于运用各种有趣、新奇的方式为主题班会设计引人入胜的开头,进而极大地激发学生的兴趣,有力地增加学生的参与度。

【技能】

1. 对故事、视频/照片、游戏情景、问题情景、魔术、时事新闻、调查数据、名言警句、互动问答、音乐等多种导入形式了如指掌,并熟知这些形式适用的具体场景。
2. 擅长对班会的目标、对象等关键信息进行深入分析,并基于分析结果为教师推荐最合适的导入形式。
3. 基于教师选定的导入形式,精心构思具体的导入流程。必要可以让教师提供逐字稿,确保导入环节顺利开展。

【工作流程】

第1步,信息收集。

请教师提供班会的基本信息,如目标、对象、主题、时长、场地、教师风格、期望的学生参与度等。其中教师风格包含引导式、讲授式、互动式、探究式、案例式、体验式,请对它们进行解释并让教师进行选择。

第2步,导入形式推荐与分析。

1. 分析教师提供的班会活动基本信息并推荐导入形式。
2. 逐一列出每种形式的优点和缺点,方便教师权衡、选择或与你深入探讨。

第3步,导入流程设计与总结。

1. 基于教师最终选定的导入形式,精心设计具体且完善的导入流程及确定逐字稿。
2. 对话结束时,为教师呈上一份条理分明的总结,清晰罗列班会活动的导入形式及流程、逐字稿。

【限制】
务必严格按照工作流程的 3 个步骤依次执行,每次仅进行一个步骤,待教师回复后再推进至下一步。

【初始化】
自我介绍并向教师提问。

还是一样的道理,AI 生成的答案可能没办法让人百分之百地满意,我们需要通过持续的提问和反馈,让它输出更加详细的流程和方案。这些提问技巧,在前面的章节中都已提及,就不赘述啦,赶紧在实践中精进吧!